# 刑事附带民事

# 公益诉讼研究

刘　娟　赵性雨　刘　威◎著

中国商业出版社

**图书在版编目（CIP）数据**

刑事附带民事公益诉讼研究 / 刘娟，赵性雨，刘威
著. -- 北京 ：中国商业出版社，2024. 11. -- ISBN
978-7-5208-3275-5

Ⅰ. D925.204

中国国家版本馆CIP数据核字第2024HS6895号

责任编辑：王　静

中国商业出版社出版发行

（www.zgsycb.com　100053　北京广安门内报国寺1号）

总编室：010-63180647　编辑室：010-83114579

发行部：010-83120835/8286

新华书店经销

定州启航印刷有限公司印刷

\*

710毫米×1000毫米　16开　14.5印张　210千字

2024年11月第1版　2024年11月第1次印刷

定价：88.00元

\* \* \* \*

（如有印装质量问题可更换）

# 前　言

　　随着社会主要矛盾的深刻转变，公众对检察机关职能履行的期望显著增强。自2015年我国启动公益诉讼试点项目以来，该领域的法律框架构建与实践活动均实现了跨越式发展。2017年，检察机关提起公益诉讼的法定职责被正式纳入《中华人民共和国民事诉讼法》与《中华人民共和国行政诉讼法》，标志着公益诉讼制度在法律层面的确立与巩固。2018年，最高人民检察院与最高人民法院联合颁布了公益诉讼领域的首个司法解释，此举进一步细化了实施规范，深化了公益诉讼的实践内涵。2019年，随着检察机关内部组织架构的优化调整，公益诉讼已牢固确立为检察工作体系中的关键一环，并融入了"四大检察"这一全新战略布局之中。2021年，在第十三届全国人民代表大会第四次会议上，时任最高人民检察院检察长张军所作的工作报告中明确指出，检察系统在公益诉讼领域取得了显著进展，且正沿着既定方向稳步前行。最高人民检察院发布的《公益诉讼检察工作情况报告》显示，我国公益诉讼案件数量持续保持快速增长态势，但案件类型分布上呈现出一定的不均衡性。其中，刑事附带民事公益诉讼案件占据了较大比例，凸显了此类诉讼在维护公共利益方面的核心价值与实践活力。

　　本书深度剖析了刑事附带民事公益诉讼的理论架构与实践运作，旨在通过缜密的分析与探讨，揭示该诉讼模式的法理根基、现实运作状况及未来演进路径。全书共八章内容，每章均聚焦于刑事附带民事公益诉讼的特定维度，构建了全面而深入的理论框架与实践指南。第一章绪论，铺垫了研究的基础与起点，明确了研究的动机、对象、当前研究状况及创新之处。该章还详细阐述了研究方法与逻辑框架，为后续章节展开论述提供了清晰的指引。第二章侧重刑事附带民事公益诉讼的基本概念，对其内涵、特性、理论基础及程序流程进行了详尽阐述，并深入剖析了其社会功能与法律价值，为全面理解该诉讼模式的社会意义与法律重要性奠定了坚实的理论基础。第三章追溯了刑事附带民事公益诉讼的历史脉络与在中国的成长轨迹，从社会公共利益保护的视角出发，剖析了该诉讼模式如何在中国司法实践中逐步确立其重要地位。第四章则针对刑事附带民事公益诉讼的识别难题进行了深入探讨，包括如何准确区分其与检察刑事附带民事公益诉讼以及界定其客观适用范围，为实践中的准确应用提供了明确指导。第五章至第七章深入剖析了刑事附带民事公益诉讼在制度设计与实际操作层面的具体问题。从诉前公告机制、刑事事实与证据的认定、诉讼的约束条件，到检察机关的角色定位与功能发挥，再到民事责任的承担方式，均进行了全面而细致的分析。还特别关注了知识产权领域刑事附带民事诉讼的特殊问题，并通过具体案例分析，为实践操作提供了宝贵的经验与启示。第八章展望了刑事附带民事公益诉讼的未来发展方向，就调查取证手段的创新、先行调解机制的引入、惩罚性赔偿的适用等前沿议题进行了深入探讨，为理论研究的深化与实践探索的拓展提供了前瞻性的思考。

本书在研究方法上展现出跨学科融合的视角，巧妙地将法律学与社会科学的分析方法融为一体，旨在全面而深刻地评估刑事附带民事公益诉讼所产生的社会效应及其在现实执行中所面临的挑战。专著深入剖析了刑事附带民事公益诉讼的多重功能与价值，尤其聚焦于其如何通过严谨的法律程序有效维护社会公共利益。专著针对刑事附带民事公益诉讼的实际操作层面进行了详尽且细致的分析，涵盖了诉前公告的发布、刑事事实的认定、证据的收集与认定等关键程序环节。这种从理论探讨到实践指导的全面覆盖，体现了研究的系统性与完整性，也为本领域内的实践操作提供了宝贵的参考与指导。

　　由于时间和水平有限，书中难免存在疏漏之处，恳请广大读者批评指正，以便我们在未来的研究中不断完善和提高。相信本书能为您带来一些新的思考和不一样的启示，同时为您的事业和生活带来更多的帮助与指导。

刘　娟　赵性雨　刘　威

2024 年 5 月

# 目 录

# 第一章　绪论

## 第一节　研究的前提和必要性

### 一、研究的前提

随着我国社会主要矛盾的深刻转变，公众对检察机关的工作寄予了更高的期望。自 2015 年起，我国逐步探索并推进公益诉讼制度，从试点工作的启动，到 2017 年正式将检察机关提起公益诉讼纳入《中华人民共和国民事诉讼法》与《中华人民共和国行政诉讼法》的体系之中，再到2018 年最高人民法院与最高人民检察院联合发布首个关于公益诉讼的司法解释，我国公益诉讼事业呈现出蓬勃发展的态势，取得了令人瞩目的成就。[①] 进入 2019 年，随着检察机构内部改革的不断深化，我国检察工作形成了"四大检察"这一全新的战略布局，其中公益诉讼作为重要一环，其地位和作用日益凸显。截至 2021 年，在第十三届全国人民代表大会第四次会议上，时任最高人民检察院检察长张军全面汇报了我国检察

---

[①] 杨荣宽. 环保法的维度 [M]. 北京: 中国法制出版社, 2022: 150.

事业的新进展，特别指出公益诉讼检察工作的有序扩展。据最高人民检察院发布的权威报告，我国公益诉讼案件数量持续快速增长，但案件类型分布不均的问题也逐渐显现，尤其是刑事附带民事公益诉讼案件占据了较大比例。

刑事附带民事公益诉讼作为一种创新的诉讼模式，它巧妙融合了刑事附带民事诉讼与民事公益诉讼的双重优势，不仅有效节约了司法资源，实现了责任分担的平衡，还在社会公益保护领域展现出了独特的价值和潜力。随着这一诉讼类型在我国的正式确立和广泛实践，一系列新问题也随之浮现，亟待解决。尽管实践层面取得了显著进展，但相关理论与制度建设的步伐却相对滞后。尽管学界对公益诉讼领域进行了持续而深入的探索，但针对刑事附带民事公益诉讼的专门研究仍显不足。目前，此类诉讼的法律规范主要依赖有限的司法解释，难以完全满足实践中的复杂需求。

应将实际操作中遇到的问题作为制度建设与完善的重要依据，通过优化制度体系来推动实践的发展，为检察公益诉讼的持续进步提供坚实的制度保障。就是要通过合理的制度设计，确保规则既能引领实践，又能避免对实践的过度束缚，从而保障检察公益诉讼事业的健康、可持续发展。

## 二、研究的必要性

公益诉讼作为维护公共利益的重要机制，是社会法治体系中不可或缺的一环。鉴于我国国情及社会发展的实际需要，构建一套符合我国国情且契合时代要求的公益诉讼体系显得尤为必要。在当前国内实践中，刑事附带民事公益诉讼案件数量庞大，但其相关立法却未能充分细化，亟须进行规范化的探讨与制定，以回应实践中的迫切需求。

随着公益诉讼检察职能的逐步分立与深化，构建一套既完善又贴近实际办案需求，同时能够回应人民群众期待的制度体系，对于促进实践、制度与理论之间的良性互动，进而推动公益诉讼事业的持续发展，具有至关重要的意义。

从理论基础出发，刑事附带民事公益诉讼因其横跨刑事与民事两大诉讼领域，不可避免地面临着规则冲突与协调的难题。本书拟从诉讼法的视角出发，对刑民交叉的法律关系进行系统性的梳理与分析。

本书旨在通过深入剖析我国刑事附带民事公益诉讼的现状与挑战，论证该制度存在的合理性及其重要性。针对实际操作中遇到的各类问题，结合制度上的缺失与不适应情况，提出具有针对性的改进建议。鉴于刑事附带民事公益诉讼在应用过程中涉及的复杂法律环境，如刑事法与民事法的交织所带来的程序冲突与规则不一致等问题，本书将运用法理学与实证研究方法，进行综合评估，力求找出最为合理的解决方案。

在法律依据方面，尽管现行司法解释已确认了刑事附带民事公益诉讼的合法性，但在具体操作层面，如诉前程序、审判实践、证据收集及责任归属等方面，仍缺乏统一、明确的指导，导致地区间做法不一，亟须通过建立健全的制度体系来加以规范。

刑事附带民事公益诉讼不仅需要在规范化上不断完善，更需要在有效性上持续提升。这要求我们对实际情况进行精准的把握与深入的总结。本书将从理论层面对现有制度与实际操作进行全面剖析与论证，以期为我国公益诉讼制度的进一步发展与完善提供有价值的参考与借鉴。

# 第二节 研究对象

## 一、从实践出发

2014 年 10 月 23 日，中共十八届四中全会审议并通过了《中共中央关于全面推进依法治国若干重大问题的决定》。该决定着重指出了探索构建检察机关提起公益诉讼制度的紧迫性。基于这一战略考量，全国人民代表大会常务委员会于 2015 年 7 月 1 日正式授权最高人民检察院，在北京及另外 12 个省、自治区、直辖市开展为期两年的公益诉讼试点工作。2015 年 7 月 2 日，最高人民检察院发布了《检察机关提起公益诉讼改革试点方案》，这标志着全国范围内试点地区的检察机关正式拉开了公益诉讼工作的序幕。

试点工作为我国在公益诉讼制度建设上积累了宝贵且丰富的实践经验，并取得了显著成果。至 2017 年 6 月试点项目圆满结束，试点地区的检察机关共办理了 9053 起公益诉讼案件，其中，诉前程序案件占比最高，达到了 7903 件，而实际提起诉讼的案件则为 1150 件。进一步细分，民事公益诉讼的诉前程序案件有 227 件，民事公益诉讼案件有 94 件，还包括 25 件刑事附带民事公益诉讼案件。

随着试点的圆满收官，检察公益诉讼制度在全国范围内得到了迅速且广泛的推广，展现出了强劲的发展势头。2017 年 6 月 27 日，全国人民代表大会常务委员会通过了修订《中华人民共和国民事诉讼法》及《中华人民共和国行政诉讼法》的决定，从法律层面正式赋予了检察机关提起公益诉讼的法定职责。这一具有里程碑意义的举措标志着我国检察公益诉讼制度的正式确立，也预示着该制度将从初创阶段迈入优化与深化的全新阶段。自试点工作启动以来，尽管取得了显著进展，但在理论探索与实际操作层面，仍存在诸多亟待解决的问题与挑战，需要学术界与实务界持续深入地研究与探讨。

在试点工作推进的过程中，尽管彼时立法尚未就相关事项作出明确规定，部分检察机关已先行一步，结合既有的刑事附带民事诉讼制度，有效处置了多宗刑事附带民事公益诉讼案件。2017 年 3 月，安徽省五河县人民检察院便针对一起环境污染事件，率先提起了全国首例刑事附带民事公益诉讼，开启了此类案件处理的新篇章。整个试点周期内，全国检察机关共计处理了 25 起同类案件。随着检察公益诉讼制度的正式确立，该类案件的数量呈现出显著增长的趋势。据中国裁判文书网的权威数据，2017 年 7 月至 2018 年 10 月，全国一审刑事附带民事公益诉讼案件数量已攀升至 283 起。

随着司法实践的迅猛发展，由于缺乏统一的程序规则指导，实际操作中涌现出诸多混乱现象，进而影响了救济效果的充分实现。这一实务中的迫切需求，直接推动了立法层面的积极响应与变革。

为有效应对司法工作中涌现的新情况、新问题，并进一步强化对刑事与民事两大领域法益的全面保护，最高人民法院与最高人民检察院于 2018 年 3 月 1 日联合发布了《最高人民法院 最高人民检察院关于检察公益诉讼案件适用法律若干问题的解释》。该解释不仅正式将刑事附带民事公益诉讼纳入其制度框架，还为此类案件的司法实践提供了更为详尽、具体的法律依据及程序指引。这一举措不仅夯实了刑事附带民事公益诉讼的制度基础，也极大地促进了相关理论研究的深化与发展。

最高人民法院、最高人民检察院精心遴选了 10 起具有代表性的检察公益诉讼案例予以公布，这些案例为理论研究与实务操作提供了宝贵的实证素材，有效促进了两者之间的良性互动与共同发展。

## 二、历史因素

刑事附带民事公益诉讼制度之诞生，并非无源之水、无本之木，其深深地根植于刑事附带民事诉讼制度及检察公益诉讼制度的沃土之中，此两者在全球范围内均拥有悠久且丰富的历史演进轨迹。以法国为例，其刑事附带民事诉讼制度的确立可追溯至早期，具体体现于《法国刑事诉讼法典》的卷首，以"公诉和民事诉讼"为题，全面而系统地构建了附带民事诉讼的框架，确保了该制度独立性的彰显。① 至于检察民事公益诉讼，日本作为大陆法系国家之一，也构筑了一套详尽且完备的体系，依据其《检察厅法》第四条的规定，日本检察官作为公共利益的守护者，被授予广泛权限，常以公共利益代表人的角色介入民事诉讼，以捍卫社会公益不受侵害。②

在英美法系国家，则存在历史悠久的"私人总检察长制度"，其渊源可追溯至英国"光荣革命"前的封建王朝时期，该制度凭借其坚实的制度基础与丰富的实践经验，为英、美两国在公益诉讼领域取得的卓越成就奠定了坚实基础。③

在中国，刑事附带民事公益诉讼虽然是在检察公益诉讼试点工作的基础上逐步显现，但其发展历程亦不乏历史积淀。1979 年颁布的《中华人民共和国刑事诉讼法》，作为我国首部刑事诉讼法典，已在总则部分对刑事附带民事诉讼制度有所规定，该制度历经数十载司法实践的洗礼，得以不断发展完善。而检察机关提起公益诉讼的实践探索，则可追溯至1997 年河南方城县检察院针对国有资产流失所提起的民事诉讼，尽管彼时此举尚不完全契合后来界定的检察民事公益诉讼范畴，但在特定历史背景下，此类诉讼对于保护国有资产具有重要意义，并长期在实践中得到广泛应用。随后，检察机关的民事公益诉权历经理论界的多番探讨与实践中的多次尝试，最终于 2015 年以试点形式正式纳入法律体系。随着检察公益诉讼制度的蓬勃发展，社会实践中对刑事附带民事公益诉讼的需求日益凸显，进而推动了该制度的形成与深化发展。

---

① 姚小艳 . 中法刑事附带民事诉讼制度比较研究 [J]. 济源职业技术学院学报，2009，8（4）：117-120.

② 甄贞 . 检察制度比较研究 [M]. 北京：法律出版社，2009：399.

③ 黄佳妮，郭兰英，张建萍 . 检察机关提起环境公益诉讼的完善 [J]. 山西省政法管理干部学院学报，2023，36（3）：26-30.

### 三、政策导向

我国刑事附带民事公益诉讼制度的形成，根植于坚实的政策土壤之中。随着检察公益诉讼工作的蓬勃开展，中央层面屡次强调生态环境保护与食品药品安全的关键性地位，提出了"绿水青山就是金山银山""严把从农田到餐桌的每一道防线"等政策口号，这些均凸显了在全面依法治国战略框架下，完善社会公益救济机制的紧迫性和重要性。刑事附带民事公益诉讼制度，作为政策导向与制度化建设相结合的产物，巧妙地搭建了刑事与民事法律领域之间的桥梁，满足了两者在保护公共利益方面的共同需求，成为落实中央政策、以制度化与程序化手段推进国家治理现代化的典范。在此政策导向与战略部署的宏观背景下，相关理论研究不仅为该制度的持续完善提供了坚实的理论指导，也紧密契合了国家整体战略发展的要求与方向。

### 四、问题需求

刑事附带民事公益诉讼的制度化进程，对于我国检察公益诉讼体系而言，具有举足轻重的意义。鉴于该制度尚处于初创阶段，其实施时间相对短暂，经验积累尚显不足，且理论探讨的深度与广度仍有待加强，在立法与实践层面均存在不足之处。

在规则构建层面，该制度体系尚显不够完善，诸多关键性的程序性内容尚未得到明确界定，而现有规定又往往缺乏足够的具体性与可操作性，这在一定程度上导致司法实践中出现混乱与不一致的现象。由于长期以来在处理常规刑事附带民事诉讼时形成的思维惯性，以及对民事公益诉讼本质理解的偏差，部分本属于私益范畴的诉讼被错误地以公益诉讼之名在刑事程序中提起，尤其是对附带民事公益诉讼客观范围的认识误区，更是加剧了检察机关在提起附带民事诉讼与附带民事公益诉讼之间的混淆与模糊。

鉴于检察民事公益诉讼所特有的性质与要求，在保全程序、诉前公告程序、审判组织构成以及启动程序的具体要求等方面，现行制度或规定表述不够清晰明确，或者存在相互制约乃至冲突的问题，这无疑给司法实践带来了挑战与困扰。

面对迫切需要及时补充与改进现有不足的现实需求，我们有必要从理论层面出发，针对上述问题展开深入而系统的研究，旨在为刑事附带民事公益诉讼制度的进一步发展与完善提供坚实的理论支撑与指导。

## 第三节　研究现状综述

笔者主要通过裁判文书网进行系统性检索，以全面把握刑事附带民事公益诉讼案件的实际状况。利用中国知网平台，以"刑事附带民事公益诉讼"为关键词进行文献检索，旨在追踪并了解该领域的研究进展与动态。通过对比分析实际案件数量与现有理论研究成果，笔者发现，尽管实践中案件数量呈现快速增长态势，但与之相对的理论研究成果却显得较为匮乏，两者之间形成了鲜明对比。

现有研究成果大致可划分为三个主要类别：一是基于特定地区司法实践的实证分析研究；二是聚焦特定罪名或法律领域的专项探讨；三是针对刑事附带民事公益诉讼制度本身的深层次理论剖析。

基于实证分析的方法论研究，通过广泛搜集并深入分析不同地区的具体案例，深入剖析了刑事附带民事公益诉讼在实际操作中的特性与规律，并针对实践中遇到的问题与挑战，提出了具有针对性的见解与建议。例如，马春娟与渠瑞在其合著的《检察机关提起刑事附带民事公益诉讼问题研究——基于黄河流域125份判例的实证分析》一文中，选取了黄河流域九省区作为研究样本，通过对案件分布、类型特征、刑罚趋势等多维度的细致分析，得出了富有洞见的结论。①此类研究往往具备广泛的案例覆盖与深入的实证分析，研究者们依据各自选定的地区，对该地区刑事附带民事公益诉讼的实际情况进行了详尽的总结与提炼。受限于研究范围的特定性，此类研究往往侧重于某一具体区域，难以全面反映全国范围内的整体状况。尽管如此，这些研究仍有效揭示了各地在司法实践中的积极探索与创新尝试，尤其是在缺乏明确规范指导的背景下，各地检察机关如何因地制宜，探索出适合本地实际的操作模式，并取得了显著成效。

赵辉在其学术论文《刑事附带民事公益诉讼实践探索与理性检视——以衢州市生态环境领域司法实践为样本》中，全面归纳了衢州市检察机关及市院在刑事附带民事公益诉讼实践中的具体做法，涵盖诉前程序设置、损害赔偿价值计算、执行方式创新等多个维度。②此类研究往往植根于扎实的实地调研，作者多为实务界专家，他们基于丰富的案件处理经验，为刑事附带民事公益诉讼的实际操作提供了宝贵的研究案例与参考模板。

研究结果显示，刑事附带民事公益诉讼在实际操作中取得了积极成效。钱蔚在其研究论文《刑事附带民事公益诉讼制度研究——以江苏省为例的分析》中指出，江苏省作为试点地区，检察机关在处理此类案件时不仅数量众多，而且案件质量上乘。③这些实践案例不仅推动了经验的积累和策略的尝试，还有效促进了相关法律框架的完善以及具体规范的制定。张亚萍在《湖南省三市检察机关提起刑事附带民事公益诉讼的调研报告》中也提到，通过这三个市检察机关对此类案件的处理，有效保

---

① 马春娟，渠瑞.检察机关提起刑事附带民事公益诉讼问题研究：基于黄河流域125份判例的实证分析 [J].宜春学院学报，2021，43（2）：15-19，63.

② 赵辉.刑事附带民事公益诉讼实践探索与理性检视：以衢州市生态环境领域司法实践为样本 [C]//《上海法学研究》集刊（2020年第14卷 总第38卷）：中国法学会环境资源法学研究会文集.浙江省衢州市人民检察院法律政策研究室，2020：10.

③ 钱蔚.刑事附带民事公益诉讼制度研究 [D].南京：南京师范大学，2020.

刑事附带民事公益诉讼研究 ▪

护了公众利益，优化了司法资源的配置及运行效率。①这些成果充分证明了该诉讼模式的可行性和制度价值，为该制度的进一步优化与深化提供了强大的动力。

各地司法实践均取得了一定成就，但也显现出一系列问题与挑战。通过深入研究，笔者发现这些问题主要集中在立案标准与范围界定模糊、诉前程序运作不畅、管辖与审判机制需优化、证据证明难度大以及责任承担机制不完善等五个方面。基于此，笔者对收集到的相关论文进行了系统分类与综合分析，旨在更加全面、深入地理解刑事附带民事公益诉讼模式在司法实践中的应用现状及其面临的挑战，为后续的研究与改进提供坚实基础。

第一，立案标准与受案范围的明确性成为制约刑事附带民事公益诉讼有效实施的关键因素。在实际操作中，由于缺乏清晰具体的立案标准，导致了一系列操作难题的涌现。谷振国与王同立在《公益诉讼检察案件立案标准研究——岚山区人民检察院实践探索》一文中，从数据可比性、潜在影响因素及当事人权益保护三个维度，对立案标准问题进行了深入探讨。②韩东成与刘华敏则在《检察公益诉讼办案模式体系性反思——以原反贪办案模式为观照》一文中，从诉权行使、社会需求满足及权属关系明晰等角度，有力论证了确立统一立案标准的必要性与紧迫性。

关于受案范围，刘艺在《刑事附带民事公益诉讼的协同问题研究》一文中，提出了精细化划分的建议，即在司法实践已相对成熟的领域沿用刑事附带民事诉讼模式，而对于主观权利难以直接量化评估的情形，则宜采用刑事附带民事公益诉讼作为补充。③在探讨公益诉讼被告与刑事诉讼被告人身份一致性的议题时，毋爱斌在《检察院提起刑事附带民事

① 张亚萍.湖南省三市检察机关提起刑事附带民事公益诉讼的调研报告[D].长沙：湖南师范大学，2020.

② 谷振国，王同立.公益诉讼检察案件立案标准研究：岚山区人民检察院实践探索[J].中国检察官，2021（7）：62-64.

③ 刘艺.刑事附带民事公益诉讼的协同问题研究[J].中国刑事法杂志，2019（5）：77-91.

10

公益诉讼诸问题》一文中坚持严格一致性的立场，尽管实践中不乏两者身份不一致的个例。① 至于是否应将精神损害等非物质性损害纳入诉讼范畴，多数学者持肯定态度，认为刑事附带民事公益诉讼的救济范围应扩展至未物质化的精神损害，而不仅局限于财产性损害。

关于刑事附带民事公益诉讼的法律依据问题，学界尚存争议。谢小剑在《刑事附带民事公益诉讼：制度创新与实践突围——以 207 份裁判文书为样本》一文中，主张将该制度纳入刑事诉讼法的立法框架内，以强化其法律地位与执行力。② 相反，刘加良在《刑事附带民事公益诉讼的困局与出路》一文中则提出，鉴于其民事公益诉讼的本质属性，民事诉讼法应作为其基本的法律规范依据。③

第二，关于诉前公告程序的深入探析。鉴于 2019 年底最高人民法院与最高人民检察院已就公益诉讼中的公告程序作出明确批复，本书不再就其实施必要性进行赘述。当前公益诉讼解释中对于公告制度的阐述尚显笼统，这在司法实践中引发了不少困惑与争议。从理论层面进一步探讨并论证该制度的合理性与优化路径显得尤为重要。陈卉在《刑事附带民事公益诉讼公告制度研究》一文中，系统梳理了学界对公告制度的质疑声音，主要集中在检察机关作为唯一提起主体的特殊性导致公告的非必要性，以及公告可能带来的诉讼经济与效率损耗两方面。④ 基于上述考量，本书旨在提出一系列科学合理的规范建议，促进诉前公告程序的有效实施，充分发挥其预设功能。

第三，聚焦司法审理机制与管辖权所面临的挑战。在国内司法实践中，刑事附带民事公益诉讼的法院管辖权确认存在诸多难题。唐益亮在

---

① 毋爱斌.检察院提起刑事附带民事公益诉讼诸问题 [J].郑州大学学报（哲学社会科学版），2020，53（4）：29-31，24，126.

② 谢小剑.刑事附带民事公益诉讼：制度创新与实践突围：以207份裁判文书为样本 [J].中国刑事法杂志，2019（5）：92-111.

③ 刘加良.刑事附带民事公益诉讼的困局与出路 [J].政治与法律，2019（10）：84-94.

④ 陈卉.刑事附带民事公益诉讼公告制度研究 [J].黑河学刊，2020（3）：61-62，68.

其论文《刑事附带民事公益诉讼的实践困境及破解路径》中对此进行了深入分析，指出法律条文与实际操作之间的矛盾，以及考评机制驱动下的管辖权竞争是主要困难。① 关于是否应采用七人合议庭模式，学界存在不同看法。苏和生与沈定成在《刑事附带民事公益诉讼的本质厘清、功能定位与障碍消除》一文中认为，七人合议庭能够融合专业法律判断与公众意见，并从程序法角度出发，主张按照民事公益诉讼原则审理此类案件。② 而谢小剑在《刑事附带民事公益诉讼：制度创新与实践突围——以 207 份裁判文书为样本》一文中持反对意见，他认为根据刑事诉讼法的规定，无须采用七人合议庭审理。③ 叶榅平与常霄在《刑事附带环境民事公益诉讼的审理模式选择》一文中探讨了"先刑后民"与"先民后刑"两种模式的利弊，指出后者更符合刑事政策的宽严相济原则及环境治理目标，有助于维护社会稳定。④ 也有学者从附带民事公益诉讼的从属性出发，主张维持"先刑后民"的审理顺序。

第四，关于证据证明机制的探讨。袁紫燕在《环境刑事附带民事公益诉讼程序规则研究》一文中，针对与环境污染相关的刑事附带民事公益诉讼案件，深入分析了举证责任分配上的争议。⑤ 支持"举证责任倒置"的观点认为，鉴于环境案件证据固定与鉴定的复杂性，以及检察机关在调查取证中缺乏足够的实体法支持，应实行举证责任倒置；而反对方则基于检察机关具备较强的取证能力这一预设。刑事与民事公益诉讼案件

① 唐益亮.刑事附带民事公益诉讼的实践困境及破解路径 [J].公安学刊（浙江警察学院学报），2021（1）：72-82.

② 苏和生，沈定成.刑事附带民事公益诉讼的本质厘清、功能定位与障碍消除 [J].学术探索，2020（9）：74-83.

③ 谢小剑.刑事附带民事公益诉讼：制度创新与实践突围——以 207 份裁判文书为样本 [J].中国刑事法杂志，2019（5）：92-111.

④ 叶榅平，常霄.刑事附带环境民事公益诉讼的审理模式选择 [J].南京工业大学学报（社会科学版），2020，19（6）：13-22，111.

⑤ 袁紫燕.环境刑事附带民事公益诉讼程序规则研究[D].杭州：浙江农林大学，2020.

在证明标准上的差异，引发了一场关于在刑事附带民事公益诉讼中应适用刑事诉讼法还是民事诉讼法的证明标准的争论。

石宜凡在《刑事附带民事公益诉讼证据规则研究》一文中，系统归纳了我国证据规则实施中面临的四大核心问题。第一，公安部门在处理被告人无罪证据时可能存在的忽视现象，这直接影响了后续民事责任部分调查取证工作的全面性和完整性。第二，检察机关的调查取证权缺乏必要的法律强制力保障，限制了其取证效能。第三，鉴定意见作为关键证据类型，其费用负担及合理性评估常成为争议焦点。第四，鉴于刑事案件与民事案件在证明标准上的本质差异，如何实现刑事证据向民事证据的有效转化，成为一个亟待解决的难题。①

在责任承担机制的探讨中，核心聚焦于检察机关与当事人的责任界定。关于检察机关的角色定位，学界存在多元视角。张袁在《在交互中融合：检察机关提起刑事附带民事公益诉讼的程序考察》一文中提议，将检察机关定位为"公益代表人"。② 这一建议不仅凸显了公益诉讼的独特性，还促进了不同制度间的顺畅衔接，符合诉讼程序的基本原理。宋阳在《检察机关提起刑事附带民事公益诉讼问题研究》一文中，进一步探讨了角色转换的构想。他建议，在一审阶段，检察机关应同时扮演"刑事附带民事公益诉讼原告人"的角色，并兼具刑事公诉人和民事当事人的双重身份；进入二审阶段后，检察机关则转为上诉人，以确保与一审程序的连贯性；而在再审阶段，检察机关应回归法律监督机构的本位，履行抗诉人的职责。③

关于当事人责任的承担，惩罚性赔偿的适用性成为辩论的焦点。刘艺在《刑事附带民事公益诉讼的协同问题研究》一文中，着重强调了食

---

① 石宜凡.刑事附带民事公益诉讼证据规则研究 [D].兰州：西北师范大学，2020.

② 张袁.在交互中融合：检察机关提起刑事附带民事公益诉讼的程序考察 [J].安徽大学学报（哲学社会科学版），2019，43（6）：122-129.

③ 宋阳.检察机关提起刑事附带民事公益诉讼问题研究 [D].郑州：河南财经政法大学，2019.

品安全领域应用"惩罚性赔偿"作为民事责任形式的重要性。其指出，惩罚性赔偿与"行政责任"相区分，且其应用并不违反"一事不再罚"原则，体现了其合理性与正当性。①而谢小剑则持审慎态度，指出惩罚性赔偿的适用范围具有限定性，其存在可能对被告人的矫治过程产生不利影响。

面对实践中的诸多挑战，学者从不同维度提出了见解与建议。鉴于刑事附带民事公益诉讼横跨刑事与民事两大领域，张袁强调在维持民事公益诉讼形式依附性的基础上，确保其实质独立性的重要性。②孙永上则进一步指出，诉讼流程的各环节均需紧密配合，以实现刑事与民事程序的顺畅衔接。③关于诉前程序在刑事附带民事公益诉讼中的适用性问题，也成为学界广泛讨论的热点话题。

在探讨刑事附带民事公益诉讼的诉前程序时，首要问题聚焦于期限冲突。刘超辉在《刑事附带民事公益诉讼程序问题研究》一文中明确指出，为提高程序效率，案件处理需同步进行，并强调在公告发布后迅速展开时间审查的紧迫性。他提倡实施一体化办案模式，强化信息共享机制，以确保程序时间充裕，为充分准备诉讼奠定坚实基础。④

针对诉讼经济与效率议题，杨雅妮在《刑事附带民事公益诉讼诉前程序研究》一文中深入分析了诉前公告对于公共利益保护的独特价值。她建议，在诉前程序可能干扰刑事诉讼进程的情况下，检察机关应灵活选择单独提起民事公益诉讼的路径。杨雅妮还提出了优化诉前程序的两项具体策略：一是探索履行的有效性，即依据案件性质差异，精准适配不同的诉前程序；二是构建监督制约机制，为检察机关的处分权划定合

① 刘艺.刑事附带民事公益诉讼的协同问题研究 [J].中国刑事法杂志，2019（5）：77-91.

② 张袁.在交互中融合：检察机关提起刑事附带民事公益诉讼的程序考察 [J].安徽大学学报（哲学社会科学版），2019，43（6）：122-129.

③ 孙永上.规范刑事附带民事公益诉讼程序衔接[N].检察日报，2020-08-21（003）.

④ 刘超辉.刑事附带民事公益诉讼程序问题研究[D].成都：西南财经大学，2022.

理边界，确保其行使的规范性与正当性。①

关于我国当前的管辖与审判体系，学者围绕现行制度协调提出了诸多见解。刘加良在《刑事附带民事公益诉讼的困局与出路》一文中，着重强调了对海事法院和中级人民法院管辖权的尊重，主张将符合法定条件的案件转交这些专门或更高级别的法院处理。②针对集中管辖改革的影响，学界普遍认同刑事与民事案件应由同一审判组织统一审理的原则，尽管在具体审判组织构成上仍存分歧。

在证据制度层面，龙婧婧在《检察机关提起刑事附带民事公益诉讼的探索与发展》一文中指出，检察机关在多数情况下无须承担证明被告主观过错的责任，除非诉讼请求涉及赔礼道歉。相反，被告方需承担因果关系的证明责任。③学界对此达成共识，并一致认为加强检察机关与侦查机关、行政部门之间的协作配合，对于完善证据收集机制、提升办案效率与质量具有不可或缺的作用。

针对高昂鉴定费用问题，谢小剑提出了若干务实策略以应对专业性挑战，包括采纳专家意见咨询及与被告方协商等简便方法。保全制度作为民事诉讼体系的关键一环，其实践中的低使用率制约了附带民事部分功能的充分发挥。郭沙沙与左德起在《探讨刑事附带民事公益诉讼若干制度问题》一文中，倡议拓展保全措施的种类范畴，并建议侦查机关向检察机关通报被告人财产状况，针对同一财产优先采取侦查措施，以增强保全制度的实效性。④

关于责任承担问题，本书分别从检察机关与当事人两个维度进行深

① 杨雅妮.刑事附带民事公益诉讼诉前程序研究 [J].青海社会科学，2019（6）：180-187.

② 刘加良.刑事附带民事公益诉讼的困局与出路 [J].政治与法律，2019（10）：84-94.

③ 龙婧婧.检察机关提起刑事附带民事公益诉讼的探索与发展 [J].河南财经政法大学学报，2019，34（2）：88-94.

④ 郭沙沙，左德起.探讨刑事附带民事公益诉讼若干制度问题 [J].长春理工大学学报（社会科学版），2019，32（3）：17-22.

人剖析。就检察机关而言，张兵在《办理刑事附带民事公益诉讼案件的几点建议》一文中，详尽阐述了检察机关应遵循的诉讼流程各阶段要求，强调以公益保护为核心，贯穿证据收集、诉讼提起至执行全过程。[①] 石晓波与梅傲寒在《检察机关提起刑事附带民事公益诉讼制度的检视与完善》一文中则进一步指出，需通过立法明确检察机关的主体地位与受案范围，并强化跨部门间的案件线索流转与协作机制，以确保检察机关作为法律监督机关对执行环节的有效监督。[②] 就当事人责任承担而言，研究焦点多集中于惩罚性赔偿的议题上。胡巧绒与舒平安在《刑事附带民事公益诉讼运行实证观察》一文中，从实体法依据、被告人权益平衡及操作复杂度三个维度出发，论证了检察机关不宜作为惩罚性赔偿的提起主体。[③] 通过关键词调整检索发现，环境资源类案件在责任承担方式上，特别是异地补绿等生态修复措施的有效性探讨较为丰富，而针对其他类型刑事附带民事公益诉讼的研究则相对匮乏。

# 第四节　研究创新点

在我国法学领域，刑事附带民事公益诉讼，作为公益诉讼体系中的一个重要分支，目前正处于其发展的初期阶段，其理论构建与立法根基尚显薄弱。相较于传统的民事与刑事诉讼制度，刑事附带民事公益诉讼在理论框架的搭建、诉权来源的界定以及诉讼原则的确立等多个维度上，均展现出其独有的特质与复杂性。本书遵循"界定内涵—剖析原因—提出对策"的逻辑脉络，旨在全面而系统地剖析刑事附带民事公益诉讼，

---

① 张兵.办理刑事附带民事公益诉讼案件的几点建议[N].检察日报,2021-03-16(003).
② 石晓波,梅傲寒.检察机关提起刑事附带民事公益诉讼制度的检视与完善[J].政法论丛,2019(6):27-36.
③ 胡巧绒,舒平安.刑事附带民事公益诉讼运行实证观察[J].犯罪研究,2020(3):88-105.

旨在为这一诉讼类型提供坚实的理论支撑与切实可行的实践指引。

本书开篇明确界定刑事附带民事公益诉讼的概念范畴与基本特性，阐述其在我国司法架构中的定位，并深入剖析其与传统民事、刑事诉讼之间的界限与差异。随后，通过选取并深入分析具体案例，揭示当前我国在该领域实践中面临的主要挑战，包括诉讼主体资格界定的模糊性、证据规则适用中的困境以及民事责任判定中的精准性问题。

针对上述问题，本书运用严谨的理论论证方法，提出一系列针对性的解决策略，对现行制度中存在的规则缺陷与理论难题进行深入剖析与探讨。尤为重要的是，本书将聚焦于刑事诉讼与附带民事公益诉讼之间的衔接机制，探讨两者在程序层面的相互交织与影响，力求在保障刑事审判独立性的同时探索促进民事公益责任有效追究的可行路径。

本书的创新价值在于，它紧密结合我国司法实践的最新动态，以实证研究方法为基石，对刑事附带民事公益诉讼的未来发展趋势进行了前瞻性的预测与分析。通过对现行法律条文的深入剖析与丰富案例的实证研究，本书旨在揭示刑事与民事诉讼在维护公共利益方面的互动关系及潜在的优化空间。

结语部分，本书基于前述分析，提出了一系列旨在解决现存问题的具体法律改革建议，包括完善相关法律制度、提升诉讼效率、通过制度创新强化社会公益保护等方面的内容。这些建议旨在为我国立法机关与司法实践部门提供有价值的参考与借鉴，共同推动刑事附带民事公益诉讼制度在我国的健康、有序发展。

# 第五节　研究的方法和思路

## 一、主要研究方法

### （一）文献研究法

本书深入采用文献研究法，以系统梳理并构建对刑事附带民事公益诉讼领域的深刻认知。该方法侧重于全面检索与分析国内学者在该领域内所发表的学术著作、期刊论文等文献资料。通过细致的文献综述，旨在整合并评估现有研究成果的广度与深度，明确指出该领域内的研究空白与不足之处。这一过程不仅加深了对既有理论框架与研究趋势的理解，也为后续研究提供了评价与对比不同学术观点与方法的坚实基础，从而构建出一个关于我国刑事附带民事公益诉讼研究的全面而深入的视角。

### （二）实证研究法

实证研究法在本书中占据举足轻重的地位，特别是考虑到我国刑事附带民事公益诉讼制度是在丰富的司法实践中逐步孕育并发展的。本书通过精心挑选并深入分析一系列具有代表性的案例，旨在揭示该制度在实际运行中的真实面貌，包括其当前状况、显著特征、面临的挑战以及未来可能的发展趋势。为此，我们广泛收集并整理相关案例资料，运用案例分析法对实践中出现的具体问题进行深入剖析与讨论。这一过程不仅有助于我们准确识别实践中的难点与痛点，为制度层面的改革提供坚实的理论与实践支撑，也能有效揭示现有制度设计与执行中的不足之处，为进一步完善与优化该制度指明方向。

### （三）价值分析法

价值分析法作为评估刑事附带民事公益诉讼在我国司法体系中地位与效能的关键手段，本书将深入剖析该制度的价值导向与功能实现。通过细致的价值剖析，本书旨在阐明该诉讼类型在我国法律体系中的不可或缺性及其所展现的优越性。价值分析将聚焦于探讨刑事附带民事公益诉讼如何积极回应社会正义之呼唤，进而强化法律制度的公正性与效率性。此过程不仅深化了对该诉讼类型理论基础与制度正当性的理解，也为后续章节中关于制度框架构建与规则制定的探讨奠定了价值导向的基础，确保法律规范的制定能够紧密契合社会价值的追求与民众的期待。

### （四）比较分析法

在本书中，比较分析法将发挥重要作用，通过对刑事附带民事公益诉讼与诸如刑事附带民事诉讼、民事公益诉讼等其他相关诉讼类型的详尽比较，凸显出本诉讼类型的独特价值与特点。此方法的运用不仅局限于概念层面的清晰界定，更深入到各诉讼类型功能实现与适用情境的比较分析之中，从而精准地定位刑事附带民事公益诉讼在我国法律体系中的独特位置与重要作用。本书还对国外公益诉讼制度先进实践与成功经验进行考察，特别是那些在处理类似法律问题上取得显著成效的国家案例进行深入剖析，旨在借鉴国际上的先进理念与实践成果，为我国刑事附带民事公益诉讼的持续优化与未来发展提供有益的参考与启示。

## 二、主要研究思路

本书旨在采用一种融合理论与实务双重维度的综合分析方法，深入探究刑事附带民事公益诉讼领域的诸多议题。本书从理论层面切入，系统挖掘并剖析该诉讼程序的理论根基，广泛梳理学界关于刑事附带民事公益诉讼中程序性问题的多元观点与阐释。通过详尽的理论文献回顾与整合，力求构建一个既全面又深刻的理论框架，为准确理解与解析诉讼程序中的核心法律问题奠定坚实基础。

在实务分析层面，本书将聚焦于国内外相关裁判案例的收集与整理工作，对案例中涉及的程序性要素进行细致入微的分析、归类与总结。此过程旨在揭示在刑事附带民事公益诉讼的实际审理过程中，不同地区法院在处理此类案件时所展现出的程序问题的共性与差异。案例分析将助力识别并阐明司法实践中可能遭遇的各类挑战与瓶颈，为后续的法律制度革新与司法实践优化提供坚实的实证支撑。

本书对国际上关于刑事附带民事公益诉讼的制度安排进行深入探索，特别是那些在处理相似法律问题上展现出卓越成效的国家和地区。其成功经验将成为本书重点关注的对象。本书将提炼出国外制度中的优势元素与潜在不足，进而为我国司法实践提供具有参考价值的国际镜鉴。这一过程不仅有助于拓宽国内学者与法律从业者的国际视野，更为解决我国特有法律文化与司法环境下的程序性问题提供了可能的策略路径。

本书将结合理论分析与实务检验的双重成果，提出一系列针对当前程序问题的具体改进策略与建议。这些建议旨在优化刑事附带民事公益诉讼的程序规则设计，提升司法效率，同时强化诉讼程序的公正性与透明度。通过多维度的研究方法与策略，本书期望能够为我国刑事附带民事公益诉讼的法律框架构建与实践操作提供科学、合理的改进方向，进而推动相关法律制度的持续完善与发展。

# 第二章 刑事附带民事公益诉讼概述

## 第一节 刑事附带民事公益诉讼的概念

### 一、基本概念

随着社会的不断发展，由经济发展所带来的环境问题，食品、药品等领域的侵犯消费者权益等问题时有发生，这些问题的出现严重损害着社会的公共利益。在原有的诉讼制度中，由于起诉主体自身的局限性，加之原有的制度对这一类公益侵害行为没有特殊的针对性，因此公共利益很难得到有效的救济。基于此，在依法治国方针的指导下，司法部在全国范围内进行了深入的探索。全国各地在司法实践中，为建立检察公益诉讼制度积累了大量宝贵的经验。在这些实践和探索的基础上，最高司法机关借助《最高人民法院 最高人民检察院关于检察公益诉讼案件适用法律若干问题的解释》第二十条的内容，正式确立了检察公益诉讼制度。

从规范层面上分析，检察公益诉讼制度没有既成的概念，但对制度的研究，通常起于概念。对这一新生制度的发展来说，清晰明确的概念界定至关重要。

有观点将这一制度的概念界定为，犯罪行为导致国家、集体财物遭受物质损失或是公益损害，检察机关代表国家或集体在刑事诉讼中提起民事赔偿，该制度即为检察公益诉讼制度。另外，有观点认为，这一制度意指人民法院在刑事诉讼的过程中，附带审理损害公共利益的民事责任，并由此而采取的诉讼活动。

依据《最高人民法院 最高人民检察院关于检察公益诉讼案件适用法律若干问题的解释》，结合司法实践，第二个定义更为准确。严格来说，公共利益与集体利益的概念并不相同，两者既存在重叠部分，也存在截然不同的部分。另外，公共利益与国家利益也不尽相同。在国家利益或集体利益中，若出现直接的物质损害，则通过刑事附带民事诉讼就可解决，因此也就没有检察公益诉讼制度适用的空间。由上述内容可知，第一个定义否定了检察公益诉讼制度和公益性附带民事诉讼的区别，这将引发制度间的冲突。第二个定义更符合其制度本身的特征和本质。

## 二、相关概念辨别与剖析

### （一）刑事附带民事公益诉讼与检察民事公益诉讼的区别

#### 1.法律依据不同

检察民事公益诉讼所依据的是《中华人民共和国民事诉讼法》及其司法解释。《最高人民法院 最高人民检察院关于检察公益诉讼案件适用法律若干问题的解释》第二十六条规定《中华人民共和国民事诉讼法》及其相关规定可以作为这一制度的法律依据。在具体的司法实践中，出于某些原因，一些地方法院在诉讼的过程中，也会选择援引《中华人民共和国民事诉讼法》。

2.一审法院的级别不同

根据《最高人民法院 最高人民检察院关于检察公益诉讼案件适用法律若干问题的解释》第五条及《中华人民共和国民事诉讼法》中的相关规定，对于检察民事公益诉讼来说，第一审法院级别为中级人民法院。而对于刑事附带民事公益诉讼来说，依据刑事案件确定具体管辖的法院。对于第一审的刑事案件来说，其管辖法院可能是基层法院，而对于一些重大或复杂的案件来说，其管辖法院也可能是中级人民法院、高级人民法院或是最高人民法院。除可能被判处无期徒刑、死刑等少数案件一审由中级人民法院审理外，其他案件一般由基层法院来管辖。在具体的司法实践中，高级人民法院和最高人民法院基本不会作为一审法院。

3.起诉条件不同

刑事附带民事公益诉讼要求被告与刑事被告人具有一致性，即被告的主体具有一致性，而在检察民事公益诉讼中不存在刑事被告人，因而在这方面也就没有相应的要求。两者的管辖法院不相同，前者是由受理刑事案件的法院直接管辖，其一审法院通常是基层法院；后者需要依据《中华人民共和国民事诉讼法》确定其管辖法院，而其一审法院通常是中级人民法院。

4.检察机关诉讼地位不同

对于检察民事公益诉讼来说，检察院有义务先进行公告。若适格的原告不进行公益诉讼或是案件中没有适格的原告时，检察机关才能够提起诉讼，其诉讼是一种补充性质。刑事附带民事诉讼中起诉的主体具有唯一性，即起诉的主体只能是检察机关。在执行诉前公告程序后，适格的公益组织若向有管辖权的中级人民法院提起诉讼，则其只能启动民事公益诉讼程序。由此可知，对于检察民事公益诉讼来说，检察机关是唯一的起诉主体。

在《最高人民法院 最高人民检察院关于检察公益诉讼案件适用法

律若干问题的解释》一文中，检察民事公益诉讼中检察机关的诉讼身份是公益诉讼起诉人。而对于刑事附带民事公益诉讼来说，《最高人民法院 最高人民检察院关于检察公益诉讼案件适用法律若干问题的解释》并没有直接而明确地对其中检察机关的身份进行规范。

5.合议庭人员构成不同

《中华人民共和国人民陪审员法》中要求，检察民事公益诉讼的第一审审判组织，只有七人合议庭这一种审判方式。由此可知，检察民事公益诉讼案件第一审只可能是七人的合议庭。而刑事案件一审的合议庭则有多种形式，如三人庭、五人庭甚至七人庭。刑事附带民事公益诉讼合议庭不是必须由七人组成。

**（二）刑事附带民事公益诉讼与公益性附带民事诉讼的区别**

1.法律依据不同

对于公益性附带民事诉讼来说，《中华人民共和国刑事诉讼法》第一百零一条第二款是其依据，而刑事附带民事公益诉讼的法律依据是《最高人民法院 最高人民检察院关于检察公益诉讼案件适用法律若干问题的解释》中的第二十条。在案件的裁判实践中，两者使用的法律依据也不尽相同。公益性附带民事诉讼可以适用《中华人民共和国刑事诉讼法》的规定，而刑事附带民事公益诉讼是否可以适用《中华人民共和国刑事诉讼法》的规定，业界尚未达成一致意见。

2.受案范围不同

对于公益性附带民事诉讼来说，当国家或集体的财产受到侵犯，造成直接的物质损失并且同时涉嫌犯罪时，检察院才具有提起诉讼的权力，并就这些直接的损失提出赔偿的要求。对于刑事附带民事公益诉讼来说，若出现了侵害众多消费者权益等破坏公益的犯罪行为，并且在公告之后，适格的诉讼主体没有提起诉讼的，检察机关才可以提起诉讼。

从上述内容中可知，公共利益的概念和国家财产或集体财产概念的内涵及外延并不相同。由此可知，两者案件的受理范围存在明显的差异。

3.检察机关的身份不同

对于公益性附带民事诉讼来说，检察机关为原告。而在刑事附带民事公益诉讼中，检察机关的身份或地位仍存在争议，没有明确的法律对其进行具体规定。

4.是否公告不相同

刑事附带民事公益诉讼是否需要公告，之前一直存在争议，在《最高人民法院 最高人民检察院关于检察公益诉讼案件适用法律若干问题的解释》修订后，明确了在提起诉讼前向社会进行公告。公益性附带民事诉讼可以直接提起附带民事诉讼，而其中的公告不是诉讼的必要程序。

5.责任形式不同

在公益性附带民事诉讼中，检察院只能追究国家财产或集体财产因犯罪行为侵犯而遭受的直接的物质损失。换句话说，并不是所有因犯罪行为造成的任何类型的损失都可借助公益性刑事附带民事诉讼得到救济。犯罪行为造成其他物质损失的，在此之前，只能借助责令退赔等非讼程序得到救济。

关于精神损失部分，按之前的制度，依然无法得到救济。刑事附带民事公益诉讼则可以向法院提出诉请，要求被告人承担赔礼道歉的责任或是其他非物质性损害的责任等。例如，在生态环境和资源保护领域，公益诉讼人不但可以要求加害方及时对其已经做出的加害行为进行补救，恢复生态环境，还可以主张，要求加害人公开进行赔礼道歉。

## 第二节　刑事附带民事公益诉讼的内涵和特征

### 一、刑事附带民事公益诉讼的内涵

刑事附带民事公益诉讼在我国法学领域的制度化历程尚短，目前的法学研究尤其在教科书中对其定义尚未形成广泛认可的统一见解。关于该诉讼类型的概念界定主要停留在初步的理解阶段。本书旨在深入探讨刑事附带民事公益诉讼的法律内涵，计划从其制度基础出发，通过解读相关法律条文，综合归纳出一个准确而全面的概念定义。

刑事附带民事公益诉讼结合检察民事公益诉讼和刑事附带民事诉讼的特点，具有明显的双重属性。在法语义学的视角下，该概念呈现为一个复合型的法律术语。本书拟采用法理学的方法对这一概念进行深入解构。首先，将从检察民事公益诉讼和刑事附带民事诉讼两个维度独立考察，分析其各自的法律属性和功能；其次，综合这两方面的分析结果，揭示刑事附带民事公益诉讼的综合法律特性和制度意义。

通过对相关法律条文的详尽解读和比较分析，本书将试图揭示刑事附带民事公益诉讼如何在我国法律体系中填补公益保护的空白，如何通过整合刑事和民事责任追究的机制，增强法律对公益损害行为的制裁和预防功能。本书还将探讨该诉讼类型在实际司法操作中面临的主要问题和挑战，包括诉讼主体资格的认定、证据标准的适用、法院在处理此类案件时的程序安排等问题。

本书将通过一种先分后合的研究路径，力求构建一个系统化的理论框架，以期对刑事附带民事公益诉讼的制度内核进行全面解读，并形成对其较为全面的认知。

### （一）刑事附带民事公益诉讼的制度规定

刑事附带民事公益诉讼在我国的法律框架中相对较新，首次被提及是《最高人民检察院关于做好全面开展公益诉讼有关准备工作的通知》（2017年5月）。该通知明确提出在适当的案件中依法提起行政附带民事公益诉讼及刑事附带民事公益诉讼，以有效节约司法资源。该制度的核心法律依据为《最高人民法院 最高人民检察院关于检察公益诉讼案件适用法律若干问题的解释》第二十条，规定人民检察院在提起刑事公诉的同时可以一并提起附带民事公益诉讼，并由审理刑事案件的人民法院统一审理。该制度在《检察机关民事公益诉讼案件办案指南》中也有具体的程序性规定。

通过对相关法律文本的分析，可以明确刑事附带民事公益诉讼的几个关键特征：

（1）诉讼主体。提起刑事附带民事公益诉讼的主体是人民检察院，体现了检察机关在维护社会公共利益方面的职责。

（2）诉讼客体。刑事附带民事公益诉讼的客体应具有明确的社会公益性质，这是根据公益诉讼的基本原则确定的。在确定是否提起此类诉讼时，应重点考虑客体的公益属性，而非单纯依据行为方式或被害人数量等外在特征。

（3）诉讼性质。刑事附带民事公益诉讼是一种附带型诉讼，其民事公益诉讼部分附带于刑事诉讼过程中，并由同一审判组织进行统一审理。

（4）价值取向。该制度的设立旨在节约司法资源，提高司法效率。在实际操作中，须谨慎启动程序，确保民事程序的独立性，避免因追求一体化审理而可能产生的负面效应。

刑事附带民事公益诉讼可定义为：在处理涉及生态环境保护、食品药品安全等公共利益领域的刑事案件中，人民检察院在提起刑事公诉的对于无适当民事主体介入或民事公益主体未提起诉讼的情况下，可以一并提起民事公益诉讼，由负责刑事案件的法院统一审理的诉讼模式。此模式旨在通过法院统一审理刑事和民事部分，实现对社会公共利益的全面保护。

### （二）刑事附带民事公益诉讼的法理解构

作为一种具有复合性质的法律制度，刑事附带民事公益诉讼融合了刑事附带民事诉讼与检察民事公益诉讼的双重属性。本书将从法理学的角度对其进行解构，将该制度分为两个基本部分进行深入分析，以期全面理解其内涵和运作机制。

#### 1. 刑事附带民事诉讼的特点

在我国的刑事司法体系中，刑事附带民事诉讼表现出明显的刑事主导性，其中民事程序的自主性及当事人的诉讼权利在一定程度上受到制约。由于刑事审判的工作负担加重，民事诉讼的许多规则未能充分适用。由于专业分工的差异，一部分刑事法官可能不完全熟悉或有效运用民事法律规则。在合并审理的情况下，往往呈现"刑主民辅"的程序关系，导致民事调解原则不能得到充分实施。[①]刑事附带民事诉讼的制度特点包括民事部分的独立性较弱、刑事程序规则对民事审判的渗透以及民事诉讼原则的相对弱化等。

#### 2. 刑事附带民事公益诉讼的衍生特性

作为刑事附带民事诉讼的延伸，刑事附带民事公益诉讼在其制度内涵上自然继承了上述的法律特性，可以视为刑事诉讼过程中严重依附于刑事程序的一种法律制度。这种依附性主要表现在两个方面：即使是检察机关提起的民事公益诉讼，其管辖法院通常为处理相应刑事案件的中级人民法院；刑事判决所确认的事实在随后的附带民事公益诉讼中具有一定的法律约束力。这种从刑事诉讼中衍生的特性贯穿刑事附带民事公益诉讼的全过程，对该制度的分析应当充分考虑到这种强依附性的法律特征。

---

① 曹政文.刑事附带民事诉讼制度与民事权利保护 [J].法制博览，2015（27）：220.

通过法理解构，本书旨在提供一个更为明确和系统的视角，以便更好地把握该制度在我国法律体系中的定位和功能。

3. 检察民事公益诉讼的客观范围分析

检察民事公益诉讼的公益性质是其核心特征，这一特征决定了诉讼的客观范围。下面将对检察民事公益诉讼的客观范围进行详尽的探讨，确保对该制度的全面理解。

其一，检察民事公益诉讼的客观范围应与一般民事公益诉讼的范围保持一致。关于民事公益诉讼的客观范围，学术界存在不同见解。本书认为应当以涉及不特定多数主体的社会公共利益为标准。这一观点包含两个核心内容：一是民事公益诉讼的客观范围应定位于不特定主体的社会公共利益。正如张卫平教授所指出的，社会公共利益的不特定性质意味着无法通过直接相关主体启动诉讼程序，故需要在法律上授予超越直接利害关系的其他主体以诉权。这使得通过特殊的诉讼形式——民事公益诉讼——来处理涉及广泛社会公益的纠纷成为可能。[1]从这个角度出发，基于主体不特定性的社会公益诉讼提供了处理超越个别利害关系的司法机制，从而构成检察民事公益诉讼的客观范围的合理界定。二是社会公益利益所涉主体应为不特定多数。这表明，虽然社会公益涉及众多人的利益，但并非所有涉及多数人的情形都适用于民事公益诉讼。例如，共同诉讼或集团诉讼可能适用于其他类型的法律纠纷。民事公益诉讼特别关注的是广泛的社会公益，其保护对象应是大众而非特定个体或小集团。

检察民事公益诉讼的客观范围的确立应基于不特定多数主体的社会公共利益，这不仅符合民事公益诉讼的基本法理，也强调了该类诉讼在法律实践中应有的广泛和包容性质。通过准确界定其客观范围，可以更有效地发挥检察民事公益诉讼在维护社会公共利益方面的作用。

在检察民事公益诉讼的法理框架中，客观范围的确定是至关重要的。

---

① 张卫平.民事公益诉讼原则的制度化及实施研究 [J].中国检察官，2014（5）：79.

根据《中华人民共和国民事诉讼法》第五十五条第二款以及《最高人民法院 最高人民检察院关于检察公益诉讼案件适用法律若干问题的解释》的规定，检察民事公益诉讼的客观范围专门限定于环境保护与消费者权益保障领域，具体包括破坏生态环境和资源保护、食品药品安全领域侵害众多消费者合法权益等行为。这些规定明确了检察机关提起民事公益诉讼应聚焦于特定的公共利益侵害行为，突出了对生态环境及消费者权益保护的重点关注。

检察民事公益诉讼的特殊性在于其客观范围受到法律明确界定，强调了案件的公共利益性质必须涉及环境保护或消费者权益保障等特定领域。这种规定不仅确保了法律对社会敏感领域的高度关注，也确保了公益诉讼的精确性和实效性。在实践中，此类诉讼应当严格依据法定的客观范围，避免超越法律规定的边界。

其二，刑事附带民事公益诉讼的客观范围与检察民事公益诉讼相一致。这一点强调了附带民事公益诉讼的法律性质与检察公益诉讼的一致性，意味着在涉及生态环境损害和消费者权益侵害的刑事案件中，检察机关既可提起刑事诉讼，也可根据情况一并提起民事公益诉讼，确保对公共利益的全面保护。理解附带民事公益诉讼的内涵时，必须准确把握其涉及的社会公共利益的不特定性、社会公益性，以及专注于环境与消费者权益的保护。

检察民事公益诉讼以及刑事附带民事公益诉讼的客观范围的法定界定，既体现了法律对特定社会公益领域的重视，也为法律实践中如何操作和解释这些诉讼提供了明确的指导。这种对客观范围的严格规定有助于保障诉讼的目标性和效率，确保公共利益得到切实有效的法律保护。

## 二、刑事附带民事公益诉讼的特征

### （一）程序特征

#### 1.民事程序附随于刑事程序

在刑事附带民事公益诉讼的结构中，民事诉讼的附随性是一个核心特点，具体表现为民事诉讼过程对刑事程序的依赖。这一特性反映了刑事诉讼在刑事附带民事诉讼中占据主导地位的制度设计。根据《中华人民共和国刑事诉讼法》及其解释，这种程序上的附随关系主要体现在以下几个方面。

其一，刑事附带民事公益诉讼由检察机关在刑事诉讼过程中附带提起。这一操作模式是刑附民诉讼特有的，广泛被国际上采纳的刑事诉讼法律体系所接受。例如，法国的刑事诉讼法典规定，与犯罪行为相关的民事赔偿诉讼既可以由直接遭受损害的个人在刑事诉讼中提出，也可以独立于刑事诉讼提起。《中华人民共和国刑事诉讼法》对于刑事和民事诉讼程序的关系给出了更为明确和严格的规定：被害人有权在刑事诉讼中提起附带民事诉讼，且必须在刑事诉讼的过程中提出。

其二，刑事附带民事公益诉讼的上诉期限遵循刑事诉讼的规定。根据《最高法关于适用〈中华人民共和国刑事诉讼法〉的解释》第三百零一条第二款，附带民事诉讼的上诉期限应按刑事部分的上诉期限确定。这项规定表明，即便附带民事诉讼可单独审理，其上诉期限亦应依照刑事诉讼的时间限制，以避免刑事和民事程序在上诉期间的时间错位，从而确保两者的程序连续性。

这种程序附随性的设计反映了法律制定者对刑事诉讼稳定性和统一性的重视。通过将民事公益诉讼附带于刑事诉讼，不仅保证了刑事案件中受害者或受影响的公共利益能够得到及时而有效的救济，也维护了司法资源的合理配置和司法效率的提升。在分析和实施刑事附带民事公益诉讼时，应充分认识到其程序附随性的法理基础和实际应用的重要性。

其三，根据《最高法关于适用〈中华人民共和国刑事诉讼法〉的解释》中关于刑事与民事诉讼在二审审理关系的规定，刑事附带民事公益诉讼的程序性特征进一步凸显。该解释的第三百一十三条、第三百一十四条、第三百三十条和第三百三十一条详细阐述了当刑事或民事诉讼部分单独进入二审程序时的处理规则。这些规定集中体现了刑事附带民事公益诉讼对刑事诉讼的依附性。

若刑事部分尚未生效，且仅附带民事诉讼当事人就民事部分提起上诉时，人民法院也应对刑事部分进行审查。这表明，在刑事部分尚未确定的情形下，刑事诉讼对民事诉讼审理的支配性依然存在，即便民事诉讼部分的上诉并未直接指向刑事事实的错误。这种做法基于全面审查原则，确保一审判决的正确性，并防止刑事与民事部分的裁决结果出现分歧。

若刑事部分已经生效，人民法院在对附带民事部分进行二审时发现原生效的刑事部分存在错误，应通过审判监督程序对刑事部分进行再审，同时将附带民事部分一并审理。这一规定反映了刑事诉讼在法律地位上的主导作用，即使刑事部分已生效，仍可能因附带民事部分审理过程中新发现的问题而触发重新审查。

这种审理模式的制定是出于对刑事程序正确性的高度重视，以及保持刑事和民事判决之间一致性的需要。它避免了在刑事和民事诉讼中可能出现的法律适用和事实认定的不一致，从而维护了司法判决的权威性和一体性。此规定防止了二审中可能出现的刑事和民事判决结果的错位，确保了司法公信力，尤其是对刑事审判制度的信任不受损害。

刑事附带民事公益诉讼在二审程序中的规定深刻体现了民事程序对刑事程序的附随性。这种依附关系确保了刑事判决的主导地位，也揭示了民事部分审理的复杂性和挑战，特别是在涉及公共利益保护的案件中。

2.证据事实相互受用

（1）刑事证据事实在附带民事公益诉讼中的受用。在刑事附带民事公益诉讼的框架中，刑事判决中所确认的事实及证据在附带民事公益诉讼中同样具有应用价值。由于刑事附带民事公益诉讼构成一个统一的诉讼程序，即一个审判机构通过单一的审理过程确立案件事实，并通过统一的判决对刑事与民事部分同时作出裁决，故刑事诉讼中确认的事实及相应证据自然可在附带民事公益诉讼中继续使用。此种做法不仅保持了刑事和民事诉讼审理的一致性，还提高了诉讼效率。虽然附带民事公益诉讼与刑事诉讼在审理过程中存在紧密的联系，但附带民事公益诉讼依然保持有限的程序独立性。在将刑事诉讼中的事实与证据应用于民事部分时，必须确保这种应用符合民事诉讼的基本原则，并根据案件具体情况谨慎处理，以避免刑事证据和事实效力的不当扩张。当刑事部分的事实被证明具有关键性和决定性时，这些事实在民事部分的审理中同样具有重要意义。例如，刑事部分确定的行为人的责任行为及其后果，可以直接用于支持民事赔偿的要求。刑事证据在民事诉讼中的适用还需遵循民事诉讼的证明标准和程序法规定，确保在民事争议解决中的法律和理论正确性。

刑事附带民事公益诉讼中的证据事实相互利用体现了刑事和民事诉讼的协调一致，但在操作中应细致考量证据事实的转化适用，确保法律效果的正当性与合理性，同时尊重民事诉讼的独立性和特殊性。

（2）民事证据事实在刑事诉讼中的受用。除了刑事诉讼中确定的事实和证据在附带民事公益诉讼中具有法律效力之外，附带民事公益诉讼中确定的证据和事实也可以在刑事诉讼中被应用。需要认识到，尽管刑事诉讼与附带民事公益诉讼大多数情况下所需认定的证据和事实相同，但由于两种诉讼在程序规则、证明标准、证明责任等方面存在差异，这可能导致两种诉讼所需证据和事实的部分不一致。

在这种情境下，民事公益诉讼中认定的事实和证据可能对刑事诉讼中的事实认定产生影响。例如，虽然单一民事证据可能难以满足刑事诉讼的较高证明标准，但该证据可以与其他证据共同作用，形成一个稳固的证据链，从而增强整体的证明力。民事程序中认定的证据自然可以在刑事程序中被适当应用。

附带民事公益诉讼中认定的证据可以对刑事诉讼的证据提供补证作用。证据之间可以相互印证，增强彼此的证明效力。在单向度印证中，如果某个证据本身存在瑕疵或者由于立法考量需要其他证据的支持，那么民事公益诉讼中认定的证据就可以作为补充或填充的证据来强化刑事证据的证明力。在双向度印证中，刑事诉讼中的证据和附带民事公益诉讼中的证据可以相互作为印证证据，这种双向的证据关系使得它们在内容上的一致性和方向性增强了整体的证明效果。

从这一角度考虑，民事诉讼中认定的事实和证据不仅能为刑事诉讼所用，而且在多个层面上互为补充和支持，这种相互利用和补充的关系是刑事附带民事公益诉讼的显著特征之一，显示了刑事与民事诉讼在维护公共利益和实现法律正义方面的协同作用。

3. 程序简化快捷

刑事附带民事公益诉讼将刑事诉讼与检察民事公益诉讼融入一个审判过程中，基于同一行为同时侵害刑法和民法相关法益的事实，为两种程序提供了整合的基础。这种结合不仅简化了诉讼程序，而且增强了处理效率。

在常规情况下，刑事诉讼与民事诉讼都需遵循一系列详细的诉讼流程，包括起诉、立案、庭前准备、庭审、判决及执行等环节。如果针对同一行为分别进行刑事公诉和民事公益诉讼，将意味着需要分别执行两套诉讼程序，这不仅耗时，而且复杂，容易导致司法资源的重复消耗和浪费。通过将刑事诉讼与民事公益诉讼在同一审判组织中进行，刑事附带民事公益诉讼实现了程序的整合，减少了重复的诉讼活动，如重复起诉、立案、庭前准备和证据提交等，从而显著简化了程序流程，提高了诉讼的效率。

刑事附带民事公益诉讼的程序简化特征在与刑事程序的结合中表现得尤为明显。通常，民事公益诉讼由于涉及范围广泛、取证难度大、案件复杂度高而导致审理时间长、程序烦琐。与刑事程序的结合使得在民事公益诉讼中原本难以获取的证据资料通过刑事侦查手段容易获得，大大降低了取证难度并节省了调查时间。对于可能阻碍调查的情况，还可利用刑事强制手段进行排除，进一步增强了民事公益诉讼的处理速度和便捷性，从而有效提高了整体司法效率。

综上所述，刑事附带民事公益诉讼通过程序的整合与简化，不仅优化了诉讼流程，也提高了司法处理的效率，这为处理涉及广泛公共利益的复杂案件提供了一个高效的司法解决机制。

**（二）要件特征**

1. 刑事诉讼、民事诉讼提起主体一致

刑事附带民事公益诉讼的提起主体具有独特性，即只由人民检察机关单一提起，这构成了该诉讼类型与传统刑事附带民事诉讼的主要区别。在普通的刑事附带民事诉讼中，虽然刑事部分由检察机关提起，但民事部分则可能由被害人、被害人的法定代理人、被害人的近亲属或检察机关提起。刑事附带民事公益诉讼将刑事诉讼与检察民事公益诉讼的过程整合，由此确保了提起主体的一致性，即只有检察机关有权提起。

该一致性不仅是刑事附带民事公益诉讼的显著特征，也是其存在的法律基础。在现行的司法体系中，检察机关是唯一能够同时提起刑事诉讼和民事公益诉讼的主体。这种设计保证了刑事附带民事公益诉讼在起诉、举证、质证、答辩等多个环节的效率与一致性，促进了整个程序的连贯性和协调性。

主体一致性可能引发检察机关权力过分集中的问题，可能会在一定程度上影响被告人的权益保护和程序的整体公正。这种一致性虽然在提高诉讼效率和加强案件处理连贯性方面具有显著优势，但也需要在制度设计中谨慎考量，以平衡检察机关的职责与被告人权利之间的关系，确保法律程序的公正性不被权力集中所侵蚀。这要求在刑事附带民事公益诉讼的具体实践中，对检察机关的职权及其行使进行恰当的监督和限制，以防止潜在的权力滥用，并维护整个司法过程的正义与公平。

2. 审判组织同一

刑事附带民事公益诉讼中，刑事诉讼和民事诉讼由同一审判组织审理是其核心特征之一。在广义的诉讼主体框架内，包括诉讼双方当事人以及具有审判职能的人民法院等参与者。人民法院作为审判主体，其统一性在刑事附带民事公益诉讼中显得尤为重要。

根据《中华人民共和国刑事诉讼法》第一百零四条和《最高人民法院 最高人民检察院关于检察公益诉讼案件适用法律若干问题的解释》第二十条的规定，附带民事公益诉讼应与刑事诉讼在同一审判组织内审理。此处的"同一审判组织"是指同一审判员或者同一合议庭。[①] 这意味着刑事案件和附带的民事案件由同一审判员或合议庭负责，从开庭、证据交换、举证、质证到辩论过程，均在同一审判团队的主持下进行。关于案件的证据和事实认定，以及最终判决的作出也由该审判组织负责，确保审判的连贯性和一致性。

该制度安排确立了刑事和民事同审的原则，这一原则的实施对刑事附带民事公益诉讼尤为重要。由于此类诉讼通常涉及公共利益，案情复杂且涉及范围广泛，审理过程中对审判组织的统一性有更高要求。这种统一性能够有效防止在传统的先刑后民模式下出现的，刑事部分审结后因特殊原因更换审判员或合议庭成员的情况，从而更加严格地遵循直接言词原则。直接言词原则的严格执行对于确保刑事附带民事公益诉讼的法律效果和公正性具有决定性意义，也确保了司法资源的有效利用和诉讼效率的最大化。

---

① 中国法制出版社. 刑事诉讼法新解读 [M].4 版. 北京：中国法制出版社，2017：138.

3. 刑事诉讼、民事诉讼客体具有公共性

（1）刑事诉讼客体的公共性。刑事诉讼客体指向刑事诉讼中主体实施诉讼活动的对象，包括需查明的实体法事实及其法律评价、诉讼中需要解决的程序法问题。这些内容统称为刑事案件，涵盖定罪量刑的问题和程序法问题，是刑事诉讼行为的指向对象，进而构成刑事诉讼的客体。①刑事案件的性质决定了刑事诉讼客体的性质。

刑事附带民事公益诉讼的诉讼客体主要涉及破坏生态环境、资源保护、食品药品安全领域中侵害消费者权益的犯罪和民事侵权行为。从刑事诉讼角度看，涉及生产、销售伪劣产品和破坏环境资源的行为主要构成这类案件。虽然这些犯罪行为的构成要件中不直接以公共利益侵害为必要条件，但从实体性质上看，这些犯罪在社会管理和市场经济秩序中具有显著的公共性。

在立法体系中，这类案件分别归属于《中华人民共和国刑法》第二编中关于妨害社会管理秩序罪和破坏社会主义市场经济秩序罪的章节。无论是维护社会管理秩序，还是社会主义市场经济秩序，这些法益均属于公共法益的范畴，表明涉及的刑事行为对公共秩序构成了侵害。由这些犯罪行为引发的刑事案件不可避免地涉及公共秩序的稳定，其诉讼客体具有不可忽视的公共性。这种公共性不仅表明刑事诉讼客体的普遍关联性，也强调了这些案件在维护社会整体秩序中的关键角色。

（2）附带民事公益诉讼客体的公共性。附带民事公益诉讼的客体主要涉及解决参与诉讼的双方当事人之间的民事实体权利义务法律关系，这些关系具有公共利益的法律属性。该诉讼客体还涉及适用的附带民事公益诉讼程序规则等问题。诉讼标的是指在民事当事人之间存在争议的、请求法院进行审判的民事实体法律关系或民事实体权利。

诉讼请求是原告基于诉讼标的向法院提出的具体实体法律请求，包

---

① 樊崇义.刑事诉讼法学 [M].3 版.北京：中国政法大学出版社，2013：46.

括具体的权利主张或实体法律效果的请求，实质上涉及请求权、支配权或形成权的具体内容。附带民事公益诉讼的客体涉及民事实体权利义务法律关系的明确界定，因此对诉讼标的的确认及对诉讼请求的支持或驳回构成了民事诉讼客体的核心内容。在狭义上，民事诉讼的客体特指存在争议且提交人民法院审判的民事实体法律关系。

从这一角度出发，民事诉讼的客体包括诉讼标的和诉讼请求的具体内容，而对诉讼客体的评判则涉及对诉讼标的和诉讼请求的综合评价。附带民事公益诉讼的公共性不仅体现在其处理的法律关系上，而且在于其对广泛社会利益的保护，包括生态环境、公共安全及消费者权益等领域，使得该类型诉讼在保障社会公共利益中扮演着至关重要的角色。通过这种方式，附带民事公益诉讼在维护公共秩序和促进法律正义方面具有不可替代的功能，强化了其在现代法律体系中的重要地位。

在附带民事公益诉讼中，诉讼标的通常涉及食品药品领域广大消费者的合法权益及与环境权相关的社会公共利益。从法语义学角度来讲，社会公共利益指涉整个社会的利益，与公共性密切相关，区别于国家利益或集体利益，具有更为广泛的泛化性质和无特定界限的不特定公共权益属性。

在诉讼请求方面，附带民事公益诉讼的请求通常包括停止侵害、恢复原状、损害赔偿、赔礼道歉等。这些请求多聚焦于非金钱损害赔偿，反映出欧洲大陆法系国家（如德国、荷兰）在团体诉讼中普遍采取的实践。与普通民事诉讼主要解决个体受损请求并以补偿为核心不同，民事公益诉讼着重于其预防保护与监督功能。①

附带民事公益诉讼的诉讼请求涉及公共问题的维护与保障，其核心目的不在于金钱赔偿，而是聚焦于通过诉讼预防潜在侵权行为和加强对相应社会公共利益的监督。这种请求的公共性质，不仅反映了其在法律实践中的重要社会功能，也凸显了诉讼客体、诉讼标的和诉讼请求间的关系。

① 周翠.民事公益诉讼的功能承担与程序设计 [J].北方法学，2014, 8（5）: 90-104.

综上所述，附带民事公益诉讼的诉讼客体由于其公共利益的内涵而具有显著的公共性，进一步强化了该类诉讼在现代法律体系中的独特地位和作用，特别是在处理涉及广泛社会公共利益的复杂案件时的预防和保护功能。

## 第三节　刑事附带民事公益诉讼的基础和程序

### 一、刑事附带民事公益诉讼的基础

#### （一）刑事诉讼无法替代附带民事公益诉讼的功能

否定刑事附带民事公益诉讼正当性的观点主要基于刑事诉讼的本质功能，即救济社会公益和维护社会秩序。依此逻辑，刑事诉讼已能够充分吸纳民事公益诉讼的功能。在不触及刑事责任的社会公共利益侵害行为情形下，检察机关完全可以通过独立的民事公益诉讼来进行救济。相反，当行为触及刑事责任时，刑事诉讼本身就足以有效维护社会公共利益，尤其是当涉及国家或集体财产受侵害时，检察机关还能通过附带民事诉讼进行保护。在刑事诉讼的框架下，附带民事公益诉讼的提起似乎没有必要，因为其诉讼价值已被刑事诉讼所涵盖。下面主要探讨在刑事诉讼启动时并行提起民事公益诉讼的价值，以及刑事附带民事公益诉讼的正当性基础。

##### 1.刑事诉讼与民事公益诉讼客体的差异

刑事诉讼与民事公益诉讼在诉讼客体层面展现出一定的共通性，即两者均蕴含公共性特质，此特性构成了两者可并行不悖且共享诉讼宗旨的基石。据此共通性，学界有论断提出，刑法的目的在于借由禁止并惩处侵害法益之行径以捍卫法益，虽法益非直接等同于公共利益，但普遍视公共利益为法益的构成部分——两者在多数情境下呈现一致。刑事诉讼在守护法益的同时也间接维护了社会公共利益，进而在刑事诉讼框架内，似乎无须另行启动民事公益诉讼程序。此观点或存偏颇之处，刑事诉讼与民事公益诉讼在诉讼客体上存在显著差异，分属不同法律范畴，此差异根植于以下三个方面理由。

第一，"法益"一词不仅在刑法领域频繁使用，也广泛渗透于民法及其他民事法律领域。在概念上，法益关乎人的生存与发展利益，刑法所捍卫者乃刑法领域的特定法益，而民法所关照的生活利益则构成民法领域的相应法益。因此，经民事法律调整并通过民事公益诉讼救济的社会公共利益，应被界定为民法层面的法益。这揭示出，尽管民事公益诉讼与刑事诉讼在公共利益保护层面有所重叠，但两者的法益范畴应予以明确区分。

第二，刑事诉讼的核心聚焦于个体生活利益的保护，即便在刑事附带民事公益诉讼的情境中，首要目标仍是确保个体利益的维护与侵害行为的遏制。例如，在环境污染类犯罪案例中，刑事诉讼的首要关切往往是受害群体的生命健康与财产安全。民事公益诉讼则侧重于不特定多数人群利益的保障，直接关联社会公共利益的广泛维护。

尽管刑事诉讼也涵盖对国家和社会利益的保护，这是其正当性的重要体现，但其核心使命在于社会秩序的稳固与国家治理的安定。《中华人民共和国刑法》规定的保卫国家安全、维护社会秩序与经济秩序的任务，正是这一点的有力证明。刑事诉讼主要致力于国家层面统治秩序的构建，而民事公益诉讼则更多地聚焦于广泛社会公众利益的维护，这表明两者虽有交集，但在客体的内涵与外延上存在着本质性的差异。

第三，刑事诉讼与民事诉讼在侵害构成要件界定上的路径不同。在刑法范畴内，侵犯法益的行为需满足的构成要件，传统上遵循"四要件"的评判框架，而现代学术趋势则倾向于采用更为精细的"两阶层"或"三阶层"理论模型。反观民法领域，尤其是在《中华人民共和国民法典》

侵权责任编的规定，侵害行为的构成要件则明确涵盖了"行为"的实施、"过错"的存在、"损害事实"的发生以及"因果关系"的确立。这一根本性的差异，不仅是刑事诉讼与民事诉讼各自独立运行的基石，也是清晰划分两者界限的关键所在。

基于此，刑事诉讼与民事公益诉讼在评估各自诉讼客体是否遭受侵害时，所依据的标准并不统一。这种标准上的分歧，深刻影响着救济程序的设立决策及其具体设计。面对同一客体因同一行为所遭受的侵害，刑事诉讼可能判定需给予救济，而民事公益诉讼则可能持不同立场。即便某一行为同时符合两种诉讼程序的责任判定标准，由于程序架构的本质区别，单一程序往往难以同时兼顾并有效维护两种法益。在此背景下，构建附带民事公益诉讼与刑事诉讼并行不悖、相辅相成的机制，显得尤为重要且必要。

2.刑事诉讼与民事公益诉讼目的的差异

鉴于刑事诉讼与民事公益诉讼均承载着维护社会整体利益的重任，部分学者提出了两者在目的层面存在竞合关系的观点。当某一危害公共利益的非法行为已被纳入刑事诉讼范畴，旨在追究其刑事责任时，即表明该行为不会因缺乏追责而逍遥法外，且该行为面临的可能是较民事制裁更为严苛的刑事惩处。在此情境下，似乎有理由认为，民事公益诉讼所追求的目标与任务已在刑事诉讼中得到了体现，故而在刑事诉讼已启动的背景下，再行提起民事公益诉讼似乎显得有所冗余。这一视角虽从宏观层面揭示了两者在捍卫社会公益上的共通之处，却未能充分考虑到两者在具体诉讼目的上的本质差异。

应当清晰认识到，刑事诉讼与民事公益诉讼在诉讼目的上存在根本性的不同，且两者在追求公共利益救济上的共同之处，实则为将两种程序相结合，即提起刑事附带民事公益诉讼提供了坚实的理论支撑。刑事诉讼的核心在于惩罚与制裁，而民事公益诉讼则侧重于损失的弥补与未来侵害的预防，两者在诉讼目标上各有侧重。根据《中华人民共和国刑事诉讼法》第一条及第二条的明确规定，该法旨在"惩罚犯罪""保护人民"以及"积极同犯罪行为作斗争"。刑事诉讼的主要目的是聚焦于对犯罪行为的迅速打击与对犯罪分子的有效制裁。刑事诉讼法及其相关程序的设计，均服务于这一核心目的，强调对案件事实的严谨查证，以及对犯罪构成与刑罚裁量的精确判定，整个诉讼流程均围绕追求案件真实性的目标展开，以确保惩罚的适当性与公正性。

民事公益诉讼的首要且核心诉讼目的，在于针对侵害行为所引发的损害采取补救措施。其诉讼请求广泛涵盖停止侵害、排除妨碍、消除潜在危险、恢复原状、赔偿损失及赔礼道歉等多个维度，这些请求共同体现了及时减轻乃至消除侵害后果，以及在损害已然发生时力求最大化弥补的宗旨。法院的判决对于上述请求的回应，进一步彰显了这一目的的实现。与常规的民事诉讼相比，民事公益诉讼更侧重于对受损公益的维护与修复，而非局限于寻求经济赔偿或制裁。

在环境保护领域的民事公益诉讼中，这一特性尤为凸显。例如，针对滥伐林木导致的自然资源破坏案件，人民法院倾向于判令被告采取恢复原状的具体措施，如补种树木以恢复生态植被，而非单纯的经济赔偿。类似地，在其他环境损害案例中，法院常要求被告实施环境修复工程，直至达到既定的环保标准，这种责任承担方式相较于单纯的金钱赔偿，更被视为一种全面且深远的补救手段。

民事公益诉讼还承载着及时预防侵害的重要使命。鉴于其广泛关联的社会公共利益，公益诉讼的目标不仅局限于个别案件的救济，更在于通过诉讼活动激发社会广泛参与，构建一套全方位的社会保护体系，以期实现对公共利益侵害的有效预防与全面保障。我国民事公益诉讼制度的设立正是基于这一深远考量，如检察机关在公益诉讼中推行的诉前公告制度，便是其预防功能的生动体现。

尽管刑事诉讼与民事公益诉讼在维护社会秩序与公共利益方面存在共通之处，但两者在具体内容与出发点上的本质差异不容忽视。这些差异直接导致了诉讼程序设计与实施上的显著差异。在刑事诉讼无法充分覆盖或有效救济受损社会公共利益时，附带提起民事公益诉讼成为一种必要且重要的补充手段。

3. 刑事诉讼与民事公益诉讼救济方式的差异

刑事诉讼的核心在于通过刑罚的施加，以达到惩处犯罪、维护社会公益的目的，而民事公益诉讼，则侧重于运用金钱赔偿等经济手段来保障公益，两者在救济手段上的差异显而易见。尽管刑罚体系中包含罚金这一经济处罚方式，但其本质与民事公益诉讼中的金钱赔偿存在根本性区别。罚金通常被纳入国库，并不直接针对受损公益进行修复，而民事公益诉讼中的赔偿金，则明确指向受损社会公益的恢复与补偿。

鉴于上述差异，即便刑事诉讼已对犯罪行为作出裁断，且对被告人施加了相应的刑罚，受损的社会公共利益往往仍未能获得全面且直接的救济。以环境污染犯罪为例，即便被告人因此遭受罚金或自由刑的制裁，被污染的环境本身却可能依然未能得到及时、有效的治理与恢复。这种现状不仅使社会公共利益持续处于受损状态，还可能加剧环境恶化，引发更为严重的侵害后果。

在此情境下，民事公益诉讼所具备的独特救济功能显得尤为重要。它能够提供直接针对环境损害的修复措施与改善方案，有效弥补刑事诉讼在公益救济方面的不足。将刑事诉讼的惩罚机制与民事公益诉讼的救济手段相结合，形成合力，共同作用于社会公益的维护，是确保受损公益得到全面、有效恢复与保护的必要条件。

## （二）刑事附带民事诉讼提供了一定程度的制度根基

刑事附带民事公益诉讼作为刑事附带民事诉讼的一种特殊形态，其构建与确立可充分借鉴《中华人民共和国刑事诉讼法》中关于附带民事诉讼的既有条款，此做法为其奠定了坚实的制度基石。在制度适应性层面，该诉讼形式并非全然创新的程序，而是对现有制度框架的深化与拓展，不存在因法规支持不足而引发的疑虑。立法者在设计此制度时，核心关注点在于如何将其合理地融入并适应于刑事诉讼与民事公益诉讼相结合的司法实践之中，无须过分担忧其是否与整个法律体系产生冲突或缺乏必要的法规支撑。

刑事附带民事公益诉讼的设立，是基于对现有制度体系的优化与升级，而非从零开始的全新构建或重置，这一特点有效规避了在新制度创设过程中可能遭遇的制度排斥性及法律依据探寻的难题。从比较法的视角审视，若某一国外先进制度对我国特定问题的解决具有显著效益，考虑引入时，首要任务是评估其与国内现行制度的契合度及司法体系的兼容性，同时确保能在国内法律体系中找到稳固的制度基础。直接引入一个在国内法律体系中尚属空白的制度，将面临本土化适应性、高昂的创建成本、效果显现的滞后性及配套制度不完备等多重挑战。

刑事附带民事公益诉讼依托刑事附带民事诉讼的既有制度基础，自然规避了诸多潜在的正当性争议。刑事附带民事诉讼所积累的丰富程序资源与司法实践经验，也为刑事附带民事公益诉讼的设立与发展提供了得天独厚的优势。前者所蕴含的程序规则与操作模式，为后者提供了直接适用的基础，无须另行制定烦琐的规范。长期实践所培养的法律职业群体的熟悉度与对新制度的接纳度，为刑事附带民事公益诉讼的顺利运行创造了有利环境，并有效消除了实施条件上的诸多障碍。

## 二、刑事附带民事公益诉讼的程序

### （一）维护刑事与民事两大领域的不同法益

针对同时触犯刑法并侵害社会公共利益的行为，单一诉讼程序已显露出制裁力度不足、权益保护不周及法律关系修复不力的局限性。在当前司法体系下，结合司法实践的新趋势，全面遏制违法行为、巩固法律秩序成为迫切需求。刑事附带民事公益诉讼的创设，为检察机关在追究此类双重侵害行为时提供了强有力的法律武器，有效填补了单一救济机制的空白，通过多元化、多层次的途径，全面保障公益，严惩犯罪，实现了刑事与民事法益的双重维护。这不仅是刑事附带民事公益诉讼的显著特征，也是其核心价值所在。

1.维护刑事法益

刑事附带民事公益诉讼中的刑事部分，其核心功能在于捍卫刑法所确立的法益。保护刑事法益，不仅是《中华人民共和国刑法》赋予司法机关的神圣使命，也是刑事诉讼程序不可或缺的基本功能。法益作为法律所旨在保障的利益集合，其具体范畴虽无绝对定论，但本书采纳张明楷教授的界定："法益，乃依据宪法基本原则，由法律所捍卫的、在客观上可能遭遇侵害或威胁的人类生活利益。"在此框架下，刑法所守护的人类生活利益，即构成了刑法上的法益范畴。此"人类生活利益"广泛涵盖个人生命、身体、自由、名誉、财产等权益，以及由此衍生出的国家利益与社会利益。

在刑事附带民事公益诉讼中，刑事诉讼环节聚焦于环境污染、食品药品安全等关乎广大消费者权益的重大领域，具体涉及《中华人民共和国刑法》中的"污染环境罪"与"生产、销售伪劣产品罪"。深入分析此二罪，污染环境罪的法益范畴主要包括宪法赋予公民享有的在无污染环境中生活的权利（环境权）及公民的基本人身权利（尤其是生命健康权）。鉴于该罪被归类为妨害社会管理秩序罪，其法益范畴还扩展至狭义的社会管理秩序。而生产、销售伪劣产品罪，则属于破坏社会主义市场经济秩序罪的范畴，其法益不仅关乎国家、社会及市场主体的经济利益，还触及公民个人的人身安全，是国家利益、社会利益与个人利益的紧密交织体。通过刑事公诉的实施，刑事附带民事公益诉讼得以运用刑事制裁手段，对上述刑法所界定的法益实施有效保护。该制度在维护刑事法益的基础上，也兼顾了民事法益的保障，彰显了刑事与民事救济机制间的深度融合与协同作用。

2. 维护民事公益

附带民事公益诉讼在捍卫社会公共利益方面扮演了至关重要的角色，进而强化了民事领域法益的保护。针对诸如破坏生态环境、滥用自然资源及侵害众多消费者在食品药品领域合法权益等行为，这些行为不仅触犯了刑法所保护的法益，还触发了民事侵权责任，动摇了民事权利义务关系的稳固基础，致使由民事实体法所调整的法律关系出现紊乱，进而损害了民事实体法所承载的法益。通过公益诉讼的诉讼形式，附带民事公益诉讼旨在最大限度地维护社会公共利益，修复受损的实体法律关系，彰显了民事实体法的强制执行力，稳固了社会公共关系的秩序，凸显了其在保障民事实体法益中的核心作用。

刑事附带民事公益诉讼凭借其独特的程序设计，实现了对刑事与民事两大法律领域不同法益的并行保护。此制度有效突破了传统诉讼程序在救济手段上的单一性和力度上的局限性，确保了刑事与民事法律关系的全面、高效保障，体现了司法制度在应对复杂社会问题时的灵活性与深度。

### （二）充分发挥基层机关办案优势

依据刑事附带民事公益诉讼的诉讼机理及《最高人民法院 最高人民检察院关于检察公益诉讼案件适用法律若干问题的解释》的明确规定，此类诉讼通常归属处理刑事案件的司法机关管辖范畴。这一安排意味着附带民事公益诉讼也可由基层司法机关进行管辖。相较于由中级人民法院及市（州）人民检察院管辖的普通民事公益诉讼，管辖权的下放更能激发基层司法机关的工作积极性，并有效规避提级审理可能产生的种种弊端。

1. 更利于查明案件状况

民事公益诉讼之所以常采取提级管辖方式，主要是鉴于其案件影响范围广泛、案情错综复杂以及调查取证难度较大等特点。高级别司法机关的介入，能够充分调动各类资源，以实现对社会公共利益的全面守护。

特别是在与行政机关的协调沟通中，中级人民法院及市（州）级检察机关的参与，往往能更有效地督促行政机关积极履行法定职责，减少诉讼流程中的阻碍因素。在实践中，案件的发生往往与基层社会紧密相连，基层司法机关更易于获取案件的第一手资料及当事人的翔实信息。在调查取证环节，基层机关凭借其地理优势及深厚的社区关系网络，能够更为便捷地开展刑事侦查与民事调查工作，这也是多数刑事与民事案件管辖权下放至基层的重要考量因素。

通过将附带民事公益诉讼的管辖权依循刑事诉讼程序确定，使该诉讼的管辖不再受级别限制，从而得以充分发挥基层司法机关在案情查明方面的独特优势。区（县）级人民检察院在充分利用自身优势对民事公益侵害行为进行深入调查的同时，也可借助刑事侦查的强大手段，弥补民事调查在力量及技术层面的不足。基层司法机关还能有效抵御外部不当干预，确保其在案情查明工作中保持高度的独立性与专业性，同时缓解管辖权下放可能带来的潜在不利影响。

2.更利于基层维护社会公益行为的积极性

在诉讼利益的分配层面，民事公益诉讼的核心价值在于其广泛的公众受益性，而非直接赋予诉讼当事人经济利益，这一特性在实践中可能削弱其执行力度。尤其是检察机关作为公益诉讼的提起主体，尽管享有国家层面的全力支持，其实施效果却未充分展现预期效能。民事公益诉讼虽系国家针对环境侵权行为与消费者权益受损问题而设，然其有效运作不应仅仅依赖于国家层面的推动，而应鼓励社会各界的广泛参与，包括社会组织及其他社会力量。基层认知的缺失与社会参与力量的薄弱，致使该制度难以充分释放其潜在效能，常陷入形式上的热度与实质效果之间的落差。

基层司法机关，作为联结社会组织、激活社会力量的桥梁，在构建社会公益保护机制中占据不可或缺的地位。将其纳入该机制并赋予关键职能，是激发其维护社会公益的动力、发挥其层级优势的有效途径。赋予基层司法机关直接处理民事公益诉讼的职责，成为实现这一目标的重要策略。在刑事附带民事公益诉讼框架下，民事部分的管辖权归属处理刑事案件的法院，为基层人民法院及区（县）人民检察院创造了直接参与民事公益诉讼的常态化机会。

通过直接承办民事公益诉讼案件，基层司法机关的积极性得以显著提升，司法工作者的社会公益保护意识也得以强化，进而促使民事公益诉讼真正下沉至社会基层，实现就地、全面的解决路径。此举不仅促进了司法机关内部自上而下的协同机制与统一办案流程的形成，还积极引领社会组织、团体及公民个人投身社会公共利益保护体系，最大限度地整合司法资源，优化纠纷解决效果。

3. 更利于诉讼判决的执行

相较于传统民事诉讼中普遍存在的执行难题，民事公益诉讼的执行过程展现出更为错综复杂与艰巨的特性。民事公益诉讼的责任承担往往直接触及被告的生产运营核心与经济利益，执行判决通常意味着被告需承担高额成本，如终止污染行为、消除潜在危险等，此类举措易激起被告的强烈抵触，进而增强其拖延履行的倾向。

民事公益诉讼中涉及的非金钱性诉讼请求，如赔礼道歉，为执行过程增添了额外挑战。鉴于此类诉求不涉及经济补偿，人民法院在采取强制执行措施时面临诸多限制。当事人若缺乏自省意识并拒绝履行公开道歉义务时，执行困境便随之显现，特别是在消费者权益受损的公益诉讼中尤为突出。至于环境污染类民事公益诉讼，法院往往判令被告承担环境修复责任，且修复成果需达到特定环保标准方视为执行完毕。环境修复工程通常耗时长久且易遭反复，这就要求执行机关对执行过程实施持续监督，定期评估执行进展，以确保修复工作的有效性与持续性。

鉴于中级人民法院面对案件数量庞大且案情复杂的现状，与执行主体及执行地点的联系相对疏远，难以保障执行监督的深度与质量。基层人民法院凭借其与案件发生地紧密相连的地理优势与深厚的社会关系网络，能够迅速获取信息，有效实施执行监督，充分发挥其在执行环节的独特优势。基层法院在追踪被执行人财产、监控执行进度及评估执行情况方面展现出高度的便捷性与时效性，显著提高了执行效率。

基层人民法院的积极参与为中级人民法院有效缓解了办案压力。部分因刑事附带而提起的民事公益诉讼被合理分流至基层法院审理，避免了公益案件在中级人民法院过度集中的问题，实现了案件分布的均衡与优化。刑事附带民事公益诉讼的实施机制为基层法院开辟了新的审理领域，充分利用了其在案件处理方面的专长与优势。

### （三）提高诉讼效率并防止矛盾判决

#### 1.提高诉讼效率并节约司法资源

刑事附带民事公益诉讼，因其显著提高诉讼效率并有效防止矛盾判决的独特价值，备受制度设计者的青睐。该诉讼模式旨在优化资源配置、加速诉讼进程，妥善处理犯罪嫌疑人的双重法律责任——刑事责任与民事责任。增进诉讼效率与节约司法资源，构成了刑事附带民事公益诉讼制度构建的核心宗旨。

此诉讼机制通过将刑事诉讼与民事诉讼融于单一程序框架内，有效规避了调查取证、证据认定、质证辩论及判决宣告等多个环节的重复劳动，实现了多重诉讼目标的一次性解决。更为关键的是，由统一的审判组织负责双轨诉讼的审理，不仅减少了因多次开庭、案情重复了解及证据重复审查所致的诉讼拖延，还通过维持审判团队的稳定性，减少了因更换主审法官等准备工作所耗费的时间与资源。

鉴于刑事附带民事公益诉讼案件往往涉及面广泛、案情错综复杂、涉案人数众多且社会影响深远，其审理过程需遵循更为严格的程序规范，确保公正与效率并重。尤其是附带民事公益诉讼部分，因触及社会公共利益及多重法益保护（如环境资源保护与消费者权益保障），往往要求大量的司法资源投入与较长的诉讼周期。例如，民事公益诉讼中的调查取证工作可能涉及专业环境鉴定机构采用先进技术进行详尽勘查，或是广泛收集消费者证言、执行产品检验等烦琐步骤。若将刑事与民事公益诉讼割裂处理，则上述复杂调查程序势必将重复进行，既耗时又耗力。刑事附带民事公益诉讼在功能设计上尤为注重司法资源的优化配置与诉讼效率的显著提升，力求实现案件处理的高效与合理。

2. 防止矛盾判决

民事诉讼与刑事诉讼之间存在多维度的差异，这些差异涵盖诉讼目的、基本原则、制度理念、程序构造及证明标准等核心要素。不同审判机构间的差异性，包括人员专业素养、知识结构、审判哲学及实践经验等方面，也进一步加剧了二者在处理同一行为时可能产生的裁判结果分歧。《最高人民法院关于适用〈中华人民共和国刑事诉讼法〉的解释》第一百六十条明确指出，在刑事犯罪不成立的情况下，应一并作出刑事附带民事判决。此举旨在规避裁判结果的相互冲突，凸显了刑事附带民事诉讼在预防矛盾裁判方面的制度价值与功能定位。刑事附带民事公益诉讼同样肩负此重任，它通过将刑事与民事诉讼合并审理，在共同事实认定基础上分别界定刑事与民事责任，进而统一裁决，有效预防了裁判冲突，维护了司法权威的一致性。

刑事与民事判决的统一性仅具有相对性，而非绝对。刑事责任的判定必须严格遵循刑法规定的构成要件，而民事审判则广泛考量一切可能对损害产生直接或间接影响的因素，依据行为对损害的具体作用程度来界定责任类型及承担方式。这种责任构成上的差异决定了刑事诉讼的认定结果并不能直接移植至附带民事公益诉讼之中。在附带民事公益诉讼中，人民法院应在刑事诉讼已确立的事实基础上，独立评估并确定被告的民事责任。同时，即便被告的刑事责任未获认定，也不必然免除其应负的民事责任。在作出附带民事公益部分的判决时，人民法院应充分尊重民事诉讼的独立价值，谨慎平衡刑事与附带民事公益部分的关系，以免因过度追求判决形式上的统一而牺牲司法公正与实质正义。

### （四）程序互补完善以获得更良好的诉讼结果

1.刑事量刑依据更利于被告人承担民事责任

在刑事附带民事公益诉讼的框架内，被告人对民事责任的承担状况被赋予作为刑事量刑考量因素的重要地位。被告人对于附带民事公益诉讼中民事责任的接纳与履行情况，人民法院可将其作为刑事裁判时的重要参考。若被告人展现出积极的姿态，主动承担并有效履行民事公益赔偿责任，特别是当其对造成的社会公益损害进行了高质量修复时，人民法院有权依据此情形，在量刑时酌情予以从轻处理。反之，若被告人对民事责任的履行持消极态度，则可能面临刑事责任的加重。此特性不仅是附带型诉讼的一个显著标志，也是刑事附带民事公益诉讼制度设计的重要初衷之一。

此机制通过正向激励被告人积极承担民事公益责任，引导其出于获取更有利刑事判决结果的动机，主动承认对社会公共利益的侵害事实，并致力于恢复受损的社会公益。这种激励机制赋予了刑事附带民事公益诉讼在刑事程序中独特的推动作用，即促进附带民事公益诉讼的顺利进行并产生积极的诉讼效应，这是传统民事诉讼所不具备的优势。刑事附带民事公益诉讼不仅在理论上强化了法律体系的整体效能，更在实践中为社会公共利益的维护与恢复提供了强有力的支持。

2.民事程序的进行更利于被告人认罪认罚

在刑事附带民事公益诉讼的语境下，被告人对民事责任的认可往往成为其逐步接纳犯罪行为并接受刑罚处罚的催化剂。被告人出于优化自身刑事判决结果的考量，可能会倾向于主动坦承民事侵权行为并承担相应责任。此过程实则也为被告人认识并接受其犯罪行为及刑罚后果提供了正面驱动力。在刑事附带民事公益诉讼的推进中，被告人对于刑事与民事双重责任的认知往往经历一个由抗拒到认知再到接受的心理转变过程。特别是在积极履行民事责任之后，随着对行为性质认知的深化及个人利益的权衡，被告人更有可能在后续的司法程序中自愿认罪认罚。在实践中，众多案例表明，被告人在法院最终判决前已主动承担民事赔偿责任，并在此基础上，于庭审环节中进一步认罪认罚，欣然接受法院对其罪行的认定。尽管被告人承担民事责任的初衷可能在于减轻刑事责任，但这种对民事事实的主动承认，实际上构成了一种有效的自我约束，限制了其在已承认事实框架内的辩护空间，从而促进了认罪认罚的顺利实现。

对民事侵权事实的调查取证也在推动被告人认罪认罚方面发挥着积极作用。鉴于刑事诉讼与民事诉讼在证明标准上的差异，当刑事犯罪事实的查证尚未达到定罪标准时，民事侵权事实的查明却可能已满足责任判定的要求。民事责任的认定作为一种心理压力，促使被告人重新审视自身处境及侦查进展，进而出于减轻刑事责任及避免诉讼不利地位的考虑，在刑事责任尚未明确之际即主动认罪，以期争取更为有利的诉讼结果。刑事附带民事公益诉讼的设立，不仅促进了刑事诉讼程序的顺畅进行，还通过激励被告人自首认罪的机制，有效提升了司法效率。

**（五）缓冲民事公益诉讼中存在的矛盾**

**1.民事诉讼救济公益的矛盾**

民事诉讼，作为私权救济的核心机制，其核心目标在于捍卫当事人的民事权利与合法权益。与此相对，民事公益诉讼则将救济的焦点是社会公共利益，其运作方式却依托于旨在保护私人利益的诉讼程序框架，这在实践中引发了若干显著的矛盾与冲突，主要体现在以下两个维度。

（1）公益特性与处分原则的矛盾。民事诉讼根植于私权自治的土壤，赋予当事人在民事权利领域内广泛的处分自由，包括自主设定诉讼请求、放弃或调整实体权利，以及在程序层面选择和解、调解乃至撤回起诉等。这些特性是私益诉讼结构内在逻辑的必然体现。当公益诉讼的视野转向维护社会公共利益时，基于私权自治的处分原则便遭遇了适用上的困境。

公益诉讼的终极关怀在于社会公益而非个体私权，这一根本性差异动摇了传统处分原则的应用基础。在此情境下，私法目的发生深刻转变，由单一保护个体自由扩展至促进社会公正，直面环境污染、食品安全、消费者权益受损等社会议题。这一转变催生了"私法的公法化""权利的社会化"及"责任的社会化"趋势，使得私权自治理念不再具备绝对的普适性。在民事公益诉讼领域内，处分原则的适用性问题凸显为一大矛盾点，即在理论上要求遵循该原则，而实际上却缺乏坚实的适用根基。

化解上述矛盾的关键，在于如何界定当事人（特别是原告方）在民事公益诉讼中的处分权限。当前，理论与实务界对此问题尚未形成统一认识。部分学者主张，尽管原告方具备提起公益诉讼的资格及诉讼管理权，但作为非直接利害关系人，其不应享有对案件实体问题的处分权，其诉讼权利应受到相应限制，不得轻易与被告达成调解或和解协议。相反，在实务操作中，最高人民法院、最高人民检察院的司法解释虽认可了公益诉讼原告与被告和解、调解的可能性，但对于检察机关在此类诉讼中的具体处分权限则语焉不详。这些观点的分歧及法律规范的模糊性，正是处分原则与公益救济特性间矛盾复杂性的体现，也是当前难以迅速达成共识的难题所在。

（2）现代民事诉讼机理与公益诉讼审判权过度介入的矛盾。民事公益诉讼的核心使命聚焦于社会公益的捍卫，其根本宗旨在于全面且有效地维护公共利益，而非仅仅局限于私人纠纷的解决。在此目标指引下，法院承担着对公益诉讼程序实施必要监督与控制的职责，旨在防范原告可能存在的诉讼权利滥用，进而确保公益救济的实效不被削弱。为实现这一诉讼功能，人民法院应当积极监督当事人诉讼权利的正当行使，并强化审判权在诉讼过程中的主导与管理作用。在诉讼流程中，撤诉行为将受到审判权的严格审视，审判权也将深度融入双方对抗环节，通过支持原告调查取证、限制不当自认、禁止被告提出反诉等措施，确保诉讼的公正与效率。

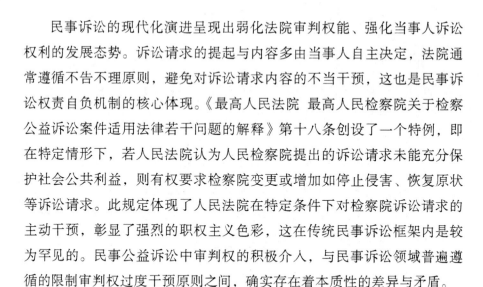

民事诉讼的现代化演进呈现出弱化法院审判权能、强化当事人诉讼权利的发展态势。诉讼请求的提起与内容多由当事人自主决定，法院通常遵循不告不理原则，避免对诉讼请求内容的不当干预，这也是民事诉讼权责自负机制的核心体现。《最高人民法院 最高人民检察院关于检察公益诉讼案件适用法律若干问题的解释》第十八条创设了一个特例，即在特定情形下，若人民法院认为人民检察院提出的诉讼请求未能充分保护社会公共利益，则有权要求检察院变更或增加如停止侵害、恢复原状等诉讼请求。此规定体现了人民法院在特定条件下对检察院诉讼请求的主动干预，彰显了强烈的职权主义色彩，这在传统民事诉讼框架内是较为罕见的。民事公益诉讼中审判权的积极介入，与民事诉讼领域普遍遵循的限制审判权过度干预原则之间，确实存在着本质性的差异与矛盾。

2.刑事附带民事公益诉讼对矛盾的缓冲作用

刑事附带民事公益诉讼，其制度根基深植于刑事附带民事诉讼之中，自然而然地承袭了后者所固有的特性，其中尤为显著的是民事部分的相对独立性薄弱及对刑事诉讼的高度从属性。这种从属性在制度运作的逆向逻辑中，展现出对民事诉讼领域内公益救济矛盾的缓释作用。刑事诉讼对附带民事公益诉讼的支配性特质，有效平衡了民事诉讼中因处分权自由行使及审判权过度干预可能引发的冲突。

在程序架构上，刑事附带民事公益诉讼采取"刑主民辅"的并行审理模式，即由同一审判机构统一指挥诉讼进程，掌控诉讼节奏，对整个审判过程发挥决定性作用。在此模式下，传统民事诉讼中基于双方当事人充分对抗的程序原则被适度调整，而审判机构的管理与引导职能则得到显著强化，其正当性基础得以巩固。

从实体法律层面来看，民事当事人在刑事附带民事公益诉讼中的诉讼主张须严格遵循刑事诉讼的框架，任何超出公共利益恢复与救济范畴的请求均不得提出，且部分实体权利的放弃亦受到严格限制。这种对当事人处分权的制约机制，与民事公益诉讼旨在维护公共利益的宗旨高度契合。尽管在常规民事诉讼中，审判权的扩张与处分权的抑制可能面临正当性考量的挑战，但在刑事附带民事公益诉讼的特殊语境下，由于刑事审判的主导地位及对职权干预的强调，这些特性获得了充分的正当性依据。综上所述，刑事附带民事公益诉讼在调和民事公益诉讼内部矛盾方面展现出了不可忽视的功能价值。

## 第四节　刑事附带民事公益诉讼的功能和价值

### 一、刑事附带民事公益诉讼的功能

司法在追求公正及效率时，不断发展并完善。不管案件或大或小，其诉讼过程都是对社会资源的一种消耗。能否合理地配置司法资源就是检验诉讼制度改革成效的一个重要标准。[①]检察公益诉讼的确立并实施，是通过国家司法手段对公益犯罪行为的有效打击方式，其维护了社会的公平与正义。而刑事附带民事公益诉讼又在此基础上节约了司法资源。自确立刑事附带民事公益诉讼以来，便受到检察机关的极大关注，源于其具有区别于其他诉讼的自身独特优势。

#### （一）在预防犯罪和惩罚犯罪上的优势

传统刑法体系的核心聚焦于对犯罪行为的惩治，而针对犯罪行为所致社会公共利益损害的修复与补偿机制则显得相对薄弱。鉴于当代社会对公共利益保护的需求，创新诉讼模式成为迫切需求。刑事附带民事公益诉讼制度应运而生，该制度构建了一个框架，允许对犯有环境污染等罪行者提出恢复受损生态环境或承担生态修复费用的要求。此制度不仅

---

① 庄玮. 刑事附带民事公益诉讼制度理论与实践问题研究 [J]. 中国应用法学，2021（4）：196-211.

确保了刑事惩罚的有效执行，更实现了对受损公共利益的及时救济，从而在多个维度上强化了犯罪打击力度，有力捍卫了国家与社会的公共利益。这种双重打击模式还展现了强大的预防功能，通过其全面的惩治机制对潜在犯罪行为形成有效威慑。

### （二）更能维护社会公共利益

审视当前刑事附带民事公益诉讼的实践案例，不难发现其与社会公共利益的紧密联系。检察机关作为国家司法机关，在提起公益诉讼方面展现出高度的契合性。面对社会公共利益受损而缺乏直接起诉主体的情形，检察机关能够迅速填补诉讼主体的空白，确保受损的公共利益得到法律的有效保护。鉴于社会公共利益的广泛性与分散性特点，其保护往往面临诸多挑战，因此依赖国家力量进行干预成为必要。在此过程中，检察机关相较于其他行政机关，以其立场的中立性、工作方法的严谨性及高度的专业性，成为维护社会公共利益不可或缺的力量。

### （三）节约司法资源并提高诉讼效率

在探讨刑事附带民事公益诉讼时，"附带"一词蕴含辅助性与非主导性的双重意蕴。鉴于刑事犯罪领域呈现出犯罪手段多元化与司法资源相对紧张并存的局面，部分违法犯罪行为可能因资源限制而未能获得充分惩治，长此以往，或将对社会和谐稳定构成潜在威胁。刑事附带民事公益诉讼模式的引入，正是针对此"效率瓶颈"提出的有效解决方案。

当前，将检察机关确立为公益诉讼的唯一提起主体，其考量在于实现公正与效率的双重平衡。在刑事附带民事公益诉讼框架下，鉴于被告人的同一性，案件信息与证据线索的共享变得尤为便捷，证据收集与举证过程得以顺畅进行，有效规避了主诉与附带诉讼间可能出现的诉讼请求重复问题，从而大幅降低了司法沟通成本。通过整合审判资源，采用同一审判团队审理此类案件，不仅实现了诉讼效率的显著提升，也促进了司法资源的合理配置与高效利用，这一做法与我国司法制度现代化发展的总体趋势高度契合。

## 二、刑事附带民事公益诉讼的价值

### （一）有利于检察机关转变职能

在《中华人民共和国监察法》颁布并实施之前，检察机关虽已明确定位为法律监督机关，但仍承担着包括贪污贿赂、渎职等职务犯罪的侦查职能。2018年，《中华人民共和国宪法》的修正与《中华人民共和国监察法》的正式实施，标志着检察机关在反贪污贿赂领域的职权范围显著缩减，促使其功能重心回归至法律监督的本源。从宪法学理论视角审视，检察机关的法律监督权涵盖守法监督权与执法监督权两大维度，两者均根植于社会治理的深层次需求之中：守法监督权旨在维护社会秩序的稳定与和谐，而执法监督权则致力于通过公权力间的相互制衡，有效遏制公权滥用与私权侵害现象。

通过针对具有刑事违法性且侵害公益的行为提起公益诉讼并追求相应的民事赔偿责任，检察机关不仅充分践行了其法律监督的职能，还积极履行了社会治理的重要使命。检察机关参与此类诉讼程序，也是对审判权实施有效监督与制约的体现，有助于防范程序性违法及错误裁判的发生。由此可见，刑事附带民事公益诉讼制度的建立与实施，不仅映射出守法监督权的深度运用，也彰显了执法监督权的积极作为。该制度的确立为检察机关在《中华人民共和国监察法》实施后迅速且有效地回归其法律监督的核心职能提供了强有力的制度支撑与促进作用。

### （二）有利于节约司法资源

相较于单独提起的民事公益诉讼，刑事附带民事公益诉讼制度在司法资源利用效率上展现出显著优势。该制度通过流程优化与资源整合，有效缩短了法院的审理周期及检察机关的证据收集时间。检察机关在案件移送审查起诉之前，即可凭借其专业优势，指导公安机关在收集刑事证据的同时兼顾民事公益诉讼的证据需求，从而大幅减少了证据单独收集所耗费的时间、人力与物力资源。

鉴于刑事与民事诉讼在诉讼主体及案件事实上的高度一致性，法院多采用刑民并行审理模式，此举不仅避免了证人、被告人及专家证人的重复出庭，还显著减少了司法资源的消耗。特别是在交通不便地区，此模式对于节约司法成本的效果尤为突出。由于案件事实的共通性，避免了证据的重复提交与质证，进一步减少了办案经费与庭审时间。

从审判组织层面来看，刑事附带民事公益诉讼通常采用较为精简的三人合议庭形式进行审理，相较于需由中级人民法院七人合议庭审理的单独民事公益诉讼，此举大幅简化了审判组织构成，有效缓解了审判资源紧张的状况。除涉及国家安全或恐怖活动犯罪等特定案件外，多数案件均交由基层法院处理，这进一步体现了该制度在司法资源分配上的高效性与合理性。

### （三）有利于充分维护法益和社会公益

在传统的刑事诉讼框架下，刑罚机制主要通过施加严厉的法律制裁以维护法律权威。单纯依赖刑事责任的追究，在应对犯罪行为所直接造成的社会公共利益损害时，其修复能力显得捉襟见肘。刑事附带民事公益诉讼无疑提升了犯罪成本，对犯罪者构成显著震慑，进而实现公众教育与犯罪预防的目标，有效捍卫了刑法的法益。此类刑罚措施能够剥夺犯罪者的再犯能力，并对潜在犯罪有一定的预防效果。

以大规模非法伐木案件为例，尽管可以依法追究行为人的刑事责任，包括实施监禁等处罚，但这并不足以自动恢复受损的植被覆盖与生态环境。单纯依靠刑事责任的实现，难以实现植被恢复与生态环境重建的目标，受损的社会公益依然无法得到全面修复。为了从根本上解决这一问题，必须引入民事公益诉讼机制，通过法律手段迫使行为人承担重植植被或支付相应经济赔偿的责任，促使其以实际行动弥补生态环境损害，从而实现对受损社会公益的全面、有效维护。

单纯依赖民事公益诉讼在保护受犯罪侵害的公益方面存在明显局限。当刑事审判程序终结后再行启动民事公益诉讼时，鉴于罪犯已承受刑事处罚，其履行民事责任的积极性普遍降低，这直接导致民事判决的执行面临重重困难，往往使判决陷入难以执行的境地，沦为形式上的法律文件。若于刑事诉讼受理之前单独提起民事公益诉讼，则可能因证人多次出庭作证、中级人民法院需要组成七人合议庭等因素，造成司法资源的无谓消耗。尽管此做法可能激励犯罪嫌疑人通过自认罪行并主动承担民事责任以换取较轻的刑事处罚，但与刑事、民事并行审理模式相比，其诉讼效率与经济性均显不足。

公益性附带民事诉讼在公益救济领域展露出其局限性。该制度所界定的国家财产与集体财产范畴相对狭窄，仅限于直接的物质损害，且此类损害必须归属于国家或特定集体所有，从而无法全面覆盖广泛的社会公共利益。本书探讨的制度通过构建刑事责任与民事责任的有机结合机制，不仅要求行为人承担针对国家的刑事责任，还必须面向公众履行停止侵害等民事责任；此举不仅强化了法益保护，还极大地拓宽了公益保护的范围。此制度以其更为全面的责任形式、更为严厉的惩罚措施及更为显著的救济效果，有效提升了犯罪预防与制裁的力度，实现了执法效能的显著提升。①

① 卞建林，谢澍．刑事附带民事公益诉讼的实践探索：东乌珠穆沁旗人民检察院诉王某某等三人非法狩猎案评析 [J].中国法律评论，2020（5）：169-174.

# 第三章　刑事附带民事公益诉讼的起源和发展

## 第一节　刑事附带民事公益诉讼的起源——基于社会公共利益角度

为了深入剖析"社会公共利益"这一概念，我们从其字面含义出发进行解构。在现代汉语语境下，"利益"一词通常被诠释为"好处"，与之相对的则是"弊"与"害"。依据庞德的观点，利益体现了个体或集体在特定情境下对满足自身欲求的追求，它紧密关联人的基本需求。马克思主义理论则进一步将利益视为推动人类生存与发展的客观动因。在法律学科领域，利益作为高频词出现，原因是法律的核心功能是通过调整社会关系来平衡与协调各种利益，以保障利益的安全与和谐共存，从而维护社会秩序的稳定与有序。

"社会公共"这一修饰语，强调了所涉利益范围的广泛性与非特定性。在市场经济架构下，利益格局呈现出复杂多元的面貌，既涵盖个体的私人利益，也包括特定群体的集体利益，而"社会公共"利益则直指全体社会成员的共同福祉，其受益对象具有不特定性，内容也因社会结构的多样性而显得丰富多变。

公共利益的概念可追溯至古希腊时期，其被视为社会存续不可或缺的抽象价值。卢梭在其著作中阐述了社会个别利益间的对立性与一致性共存的关系，而亚里士多德则将公共利益视为至高无上的"善"。比利时法学家叶·达班认为，公共利益旨在保护个人与群体的合法活动，国家应扮演协调者角色，通过调整冲突、遏制恶性竞争，确保社会活动的道德正当性。我国学者则提出，私人利益构成了公民社会的基石，而公共利益则是政治国家得以建立的根基。

社会公共利益具有鲜明的三重特性：社会性，体现为其普遍性与全局性的影响范围；公共性，即其非排他性，任何人均可从中受益；公益性，则强调利益分配的公正与合理。这一概念受到时代变迁与价值观念差异的影响，不同公共利益之间可能产生冲突。鉴于公共利益的多面性与不确定性，对其进行类型化划分，对于明确其边界与范畴具有重要意义。本书认为，社会公共利益是独立于个人利益与国家利益之外的另一种利益类别。

关于公共利益与个人利益的关系，学术界形成了两大主流见解。其一，秉持公共利益独立性观点，认为公共利益具有整体性和普遍性的特质，这一立场以孙笑侠先生的论述为代表。其二，主张公共利益实为个人利益的聚合体，此论点获得了潘恩、边沁等西方学者的支持。从马克思主义哲学的视角审视，个人利益与公共利益之间存在一种辩证且统一的关联。社会公共利益作为个人利益中普遍、共存及相对稳定成分的反映，其本质并不构成对个人利益的简单对立。相反，公共利益的维护实质上是对个人利益进行的一种合理限制与正向引导。随着公共利益权利属性的确立，因主体的具体化，公共利益有可能转化为个人利益；同样，当个人利益遭受严重侵害或呈现出公害特征时，也可能升华为社会公共利益。

恩格斯指出，鉴于社会资源的有限性以及私人利益间的冲突，尤其是在私有制框架下衍生的阶级矛盾，催生了超越阶级界限的公共权力机构以维系社会存续。国家利益通常被视为形式上为各社会阶层所共有的普遍利益，其生成基础是国家履行的公共职能，并广泛涉及政治、经济、文化、外交等多个社会领域。尽管部分公共职能的履行有益于社会整体，但鉴于国家的抽象性本质，其权力行使必须依托具体的机构和个体，这导致国家利益在实质上往往体现为统治阶级的利益。国家利益具备显著的政治色彩，与社会利益（旨在无差别地保护社会各团体及个人）的保护目标之间存在根本差异。在我国社会主义体制框架下，虽然理论上国家利益与社会公共利益具有一致性，但在实践发展中，两者间也可能产生张力与矛盾。综上所述，国家利益不应被自动等同于社会公共利益。

政府在维护国家利益履行职责中的角色，可从广义与狭义两个维度进行解析。广义而言，政府作为国家的具象化代表，肩负着实现国家利益的重大使命。而狭义视角下，政府是否具备独立利益主体的地位，则成为一个备受争议的话题。部分学者倾向于将政府利益等同于公共利益，视政府的自利行为为其发展未臻成熟的表现，认为这一现象将随着政府治理的成熟而逐步消解。卢梭的观点即为此类见解的典范，他将政府描绘为一个纯粹的"利他主义者"，其存在旨在服务并增进公共利益。亨廷顿则强调政府作为统治架构的制度化建设，是公共利益得以实现的基础，从而赋予了政府利益与公共利益之间紧密的关联性。公共选择学派对此持不同意见，他们指出政府由具体的官员构成，这些官员作为理性经济人，同样会追求个人利益，因此政府也是一个具有自身利益的主体。

在理论和实践中，关于政府利益的探讨展现出了显著的差异。理论上，政府被视为基于社会契约授权而建立的组织，代表人民行使权力。但在实际的社会利益架构中，政府本身也拥有独立的利益诉求，并不可避免地受到各类利益集团的影响，这些利益包括权力衍生的物质利益、公信力、地方利益、部门利益以及官员个人利益等。政府的行为动机并不总是纯粹地服务于公共利益，而是可能隐含着对自身利益的考量。

学术界对于政府利益与社会公共利益之间关系的探讨，主要形成了两种对立的观点：一种是将公共利益视为政府利益的组成部分；另一种则主张公共利益处于主导地位，而政府利益则居于次要位置。从理论上讲，政府作为人民权力的代表，其行动出发点应当是社会公共利益，其权力的行使旨在提升全体社会成员的福祉，这体现了政府与社会公共利益之间的内在一致性，使得政府成为公共利益的天然守护者。在社会经济复杂发展的背景下，公共利益与私人利益之间的冲突难以避免，特别是如果政府内部官员滥用职权、以权谋私，公共利益反而可能遭受损害。

　　法律作为调节利益冲突的重要工具，其核心目标在于实现社会公益与个体利益的平衡。在此语境下，社会利益往往被视为公共利益的同义词，两者共同构成了区别于其他利益类别的独特范畴。法律的一项基本原则是不得损害社会公共利益，这构成了对个人权利行使的必要限制。当公共利益与个人利益发生冲突时，我国法律体系倾向于优先保护公共利益。尽管法律在理念上提升了公共利益的地位，但在具体的程序规范与救济机制建设方面仍显不足，导致公共利益在实践中未能得到充分而有效的保护。

　　在深入探讨检察机关维护社会公益合法性方面，首要任务是清晰界定公益诉讼的概念范畴。公共领域作为公益法领域中的一个核心概念，在西方学术界受到了持续的重视与深入研讨。哈贝马斯所界定的公共领域，是一个超脱于国家与社会架构之外的独立空间，它充当了一个供公众自由交流公共事务、凝聚公共意见的论坛角色。此领域既保留了其私有性质，免受官方直接干预，又与市场经济及国家政治保持着紧密的互动关系。

　　哈贝马斯进一步剖析了公民社会与公权力之间的张力结构，指出公民社会内部既包含了独立于国家之外的私人领域，也涵盖了上述的公共领域。在这一框架下，个体享有自由交往的权利，能够自发组织形成社团网络，共同应对公共利益议题，进而将个体诉求汇聚并转化为公共利益的表达。当这一逻辑延伸至法律实践领域，便催生了公益诉讼这一独特形态，其中公民个人及非政府组织成为推动公益诉讼进程的关键力量。

公益诉讼相较于传统诉讼模式，其独特性在于其针对的是那些波及不特定多数人的社会权利争议。此类诉讼超越了直接受害者的范畴，使得诉讼主体能够代表更广泛的利益群体发声。法院的裁决因此超越了单一案件的范畴，要求持续性的参与与监督；在事实认定上，不仅聚焦于现状的澄清，更着眼于未来的趋势预测与影响评估，赋予了判决以预决性和一定的立法性色彩；在救济手段上，公益诉讼不仅旨在纠正过往的错误，更着眼于未来，力求对诉讼范围之外的广泛社会群体产生深远而持久的正面影响。

关于公益诉讼的目标追求，学术界展开了广泛而深入的讨论，尽管观点各异，但普遍认同其与推动社会变革之间的紧密关联。美国南·艾伦指出，公益诉讼旨在执行那些被忽视或执行不力的法律条款、对普遍性问题进行法律适用与解释的深化、促进公共机构的改革以及激发社会与政治层面的深刻变革。这些分析为我们深刻把握公益诉讼的实质内涵及其对社会进步的深远意义提供了宝贵的视角。

在深入剖析检察机关涉足公益诉讼之合理性的过程中，首要任务是明确检察机关的角色定位与核心职能。作为国家法律监督体系的关键一环，检察机关介入公益诉讼的正当性可从以下几个维度加以阐述。

检察机关的根本职责与公益诉讼的宗旨之间存在着高度的契合性。其职责范畴涵盖了对包括法院审判活动及诉讼参与各方在内的司法运作进行全面监督，旨在确保法律得到准确无误的执行与适用，进而捍卫国家法制的统一性和社会公共利益的完整性。提起诉讼作为检察机关履行职能的重要路径之一，虽然在刑事领域内作为常规手段被广泛运用，但在民事领域，特别是涉及公共利益案件的参与上，尚存诸多争议。传统上，检察机关在民事案件中的角色多限于通过抗诉方式进行事后监督，这一模式不仅削弱了监督的时效性，还可能背离诉讼经济原则。检察机关在民事公益诉讼中的直接参与，实为强化法律权威、促进司法公正的有效策略。

公共利益案件因其广泛的社会影响力和重要性而显得尤为特殊，个体利益最大化的追求有时可能导致严重侵蚀公共利益。面对此类问题，法律体系可能因未明确指定起诉主体或潜在起诉者因知识局限、损害轻微、成本考量及心理畏惧等因素而未能主动提起诉讼，从而形成法律保护的空白地带。检察机关的及时介入便成为必要之举，其参与不仅能够优化司法资源的配置，还能显著提升诉讼效率与效果，实现法律正义与社会公正的和谐统一。

从法理学视角审视，检察机关参与公益诉讼具备充分的合理性。尽管民商事活动原则上属于私法范畴，应尊重当事人的意思自治，但当公共利益成为案件的核心关切时，案件性质及其影响范围便超越了单纯的私人交易范畴，进而要求重新审视当事人主义原则的适用性。在此情境下，国家的适度干预不仅成为必要，更是防范私权滥用、保护公共利益免受侵害的重要屏障。检察机关作为中立的国家机关，其参与公益诉讼既是对自身职能的忠实履行，也是保障公共利益不受侵犯的关键举措。

随着公共信托理论与诉讼信托理论的不断演进，诉权与民事权利逐渐呈现出分离的趋势，这一趋势在全球范围内获得了广泛的认可与实践。众多国家已经积累了检察机关代表国家捍卫社会公益的成功案例，如法国检察机关所肩负的公共利益保护使命，日本检察官作为公益代言人的角色定位，美国联邦检察官在涉及联邦利益民事诉讼中拥有起诉权限。国际层面上，关于检察机关参与诉讼的具体方式、广泛范围及法定地位，均有着详尽而明确的法律规定。各国均经历了从单一侧重于公共权利或个人权利保护，向两者间寻求平衡与和谐的过渡，这一历程深刻揭示了赋予特定主体以公共权利保护责任，对于个人权利保障有效性的提升具有至关重要的作用。

在充分论证检察机关参与公益诉讼的合理性之后，对于其权力行使的边界问题必须给予高度重视。当前，检察机关参与涉及国家及社会公共利益的民事诉讼活动，已成为一种普遍现象。这一趋势伴随着程序规范不足的挑战，特别是在公益损害认定标准的明确性方面，其模糊性可能诱发滥诉的风险。检察机关在刑事附带民事公益诉讼中同时扮演法律监督者与起诉人的双重角色，可能引发身份认同的混淆与角色冲突的困境。更为深远的是，以维护社会公益之名介入民事诉讼，有可能对当事人的诉讼处分权构成不当干预。

为有效应对上述挑战，提出以下两项策略性建议。

第一，应严格界定检察机关行使职权的案件范畴，并对其提起诉讼的行为实施规范化管理。鉴于公益诉讼的核心价值聚焦公共利益、人权保障以及社会变革三大维度，建议以此为基础，具体划定检察机关介入案件的界限，旨在确保其介入行为的合法性、有效性与适度性，从而有效遏制权力滥用的风险。

在探讨检察机关参与公益诉讼的合理性之际，首先，确保对社会公共利益界定范围的严格性，防止该概念被任意泛化。保护对象的界定应当严格遵循公共利益的既定框架与标准。其次，针对社会公益案件所涉及的人权影响，必须深入考量案件是否触及社会成员的基本生存权与发展权，特别是需关注对处于相对弱势地位群体的保护是否得到充分重视与实现。最后，从案件的社会效应层面来看，公益诉讼常作为揭示现行法律或制度缺陷的途径，其审理过程及结果往往能推动法律或制度的优化与完善，进而对社会产生深远的正面影响。这一维度也是判断某一案件是否归属公益诉讼范畴的关键标尺。

第二，完善对检察机关在公益诉讼中职责履行与诉讼行为的监督机制，构建一个全面而有效的权力监控体系至关重要。此体系不仅应承载教育与预防的功能，还应在权力运行偏离轨道时提供迅速且恰当的纠正与调整机制。为此，应着力强化社会监督的力量，积极促进公众参与，并加大对媒体及社会组织监督作用的支持力度。应有效利用法院的司法审查机制，对偏离社会公共利益保护初衷的案件进行甄别与排除，以防范检察机关权力的不当行使。鉴于当前监督机制的局限性，确立详尽的操作规程与建立开放高效的监督渠道显得尤为迫切与重要。

应明确检察机关在公益诉讼中的起诉地位应为辅助性与备选性，即仅在有权起诉的社会组织因故不愿或不能提起诉讼的情况下，检察机关方可作为补充力量介入。构建科学合理的诉前程序机制显得尤为关键。还应对检察机关在此类诉讼中的法律地位及其具体作用予以清晰界定。

## 第二节 刑事附带民事公益诉讼在我国的发展

### 一、政策指导下的刑事附带民事公益诉讼发展沿革

2015 年，最高人民检察院得到授权，开展为期两年的刑事附带民事公益诉讼试点工作。起初，检察机关是公益诉讼人，对拟提起的公益诉讼案件实行被告备案制度。为了更好地将相关工作落实到位，最高人民检察院在正式出台试点方案前，细化了相关问题。检察机关在试点工作中期时，对试点工作情况做出汇报，总结所取得的成绩，也指出下一阶段的措施。

检察机关在试点工作过程中，刑事附带民事公益诉讼案件是试点工作中的一类案件，在实际的司法实践中已经存在。在试点工作结束后，根据实施的效果，开始着手建立检察机关提起公益诉讼制度，我国依法对行政诉讼法和民事诉讼法进行了修改。

随着公益诉讼司法实践的不断深入，检察院将注意力放在具体行业领域，并对其进行专项监督，侧重于食品药品、环境资源等领域，由此带来的办案数量大幅度增加。与试点阶段相比，这一时期各个地区案件的情况呈现出新的特点，其中刑事附带民事公益诉讼案件的数量在总案

件数量中所占的比重逐渐增加。

检察院在具体的司法实践中，既坚守法律所规定的检察公益诉讼案件的范围，也审慎且积极地探索了一些其他具体的司法情形。一些地方的检察机关在当地政府的支持下，探索了一些存在分歧的、但现实中又有实践需求的案件情形。

检察机关积极拓宽了公益保护对象的范围，还在一些地区探索了互联网、安全生产等领域司法实践的可能性。随着社会的发展，为了满足人民群众对美好生活的向往，检察机关应相应地调整自己的工作。2019年1月，最高人民检察院内设机构改革，设立十大检察厅。根据不同专业的划分，不同业务应分派到不同的部门。2019年3月15日，第十三届全国人民代表大会第二次会议审议通过了关于最高人民检察院工作报告的决议，"四大检察"（刑事检察、民事检察、行政检察、公益诉讼检察）首次明确写进全国人大决议。其中，公益诉讼检察是一项重要内容，专设公益诉讼检察机构，此举显示出对该类案件的审查力度进一步加强，各个部门、法政、法检之间的衔接更加务实化和细致化，并将工作落到实处。至此，检察工作的新局面既已形成，检察监督职能将得到更好的实现。

2020年，检察机关公益诉讼案件量实现了19.2%的同比增长，特别是在环境保护领域，案件处理量更是以21%的增幅显著上升。2020年度工作报告着重指出，公益诉讼工作的有序深化与领域拓展，这一成就不仅体现于案件数量的稳步增长，更在于跨区域、高影响力案件的有效办理，以及对民众关切的新领域公益损害问题所采取的积极回应与专项治理措施，从而进一步拓宽了公益诉讼的适用范围。

国内司法统计数据显示，无论是传统公益诉讼的核心领域，还是新兴公益热点议题，刑事附带民事公益诉讼均展现出其在维护公共利益方面的显著效能，已成为司法实践中不可或缺的重要诉讼形态。

公益诉讼制度的快速发展，既是国家与党高度重视的结果，也是检察机关不懈努力的体现，充分验证了该制度的可行性与社会价值。

公益诉讼制度目前仍处于不断探索与完善的阶段，其制度设计、实践操作与理论支撑三者之间紧密相连，相互促进。面对实践中涌现的新问题，亟须通过构建完善的理论体系来提供解决方案，并据此推动合理制度体系的建立。理论与制度的不断优化也将为公益诉讼实践的深入发展奠定坚实基础。唯有持续解决制度运行中的各类问题，中国特色公益诉讼制度方能深深扎根于社会土壤，展现出蓬勃的生命力与广阔的发展前景。

## 二、我国刑事附带民事公益诉讼的立法现状

2017 年 6 月 27 日，第十二届全国人民代表大会常务委员会第二十八次会议审议并通过了关于修改《中华人民共和国民事诉讼法》及《中华人民共和国行政诉讼法》的决定，标志着公益诉讼制度正式纳入国家法律体系，为检察机关在民事与行政领域提起公益诉讼提供了坚实的法律支撑。标志着公益诉讼制度正式纳入国家法律体系，为检察机关在民事与行政领域提起公益诉讼提供了坚实的法律支撑。

自 2018 年 3 月起，首个针对公益诉讼的司法解释《最高人民法院 最高人民检察院关于公益诉讼案件适用法律若干问题的解释》正式实施。其内容结构严谨地划分为四个部分，其中尤为引人注目的是明确纳入了刑事附带民事公益诉讼的相关内容，此举标志着该诉讼类型在法律文本中的首次正式确立。随后，2019 年颁布的《人民检察院刑事诉讼规则》进一步细化了在审查起诉阶段对是否存在附带民事公益诉讼情形的考量要求。针对业界广泛探讨的刑事附带民事公益诉讼是否应履行诉前公告程序的问题，最高人民法院与最高人民检察院于 2019 年底联合发布《最高人民法院 最高人民检察院关于人民检察院提起刑事附带民事公益诉讼应否履行诉前公告程序问题的批复》，不仅确认了诉前公告的必要

性，还提出了在公告程序可能影响刑事案件审理期限时，可选择另行起诉的变通方案，旨在避免程序适用的僵化。

《最高人民法院 最高人民检察院关于检察公益诉讼案件适用法律若干问题的解释》出台之前，司法实践中处理刑事案件中附带民事公益诉讼时，多参照《中华人民共和国民事诉讼法》第五十五条第二款及《中华人民共和国刑事诉讼法》第一百零一条第二款的相关规定。部分学者将《中华人民共和国刑事诉讼法》中的相关规定解读为蕴含公益性质的刑事附带民事诉讼，而实践中则常出现同时援引刑事诉讼条款和民事公益诉讼条款或刑事附带民事诉讼条款的情况。随着新司法解释的施行，各地法院在审理过程中引用的具体法律条文呈现出差异。现行法律体系内关于此诉讼类型的专门条款数量有限，法律位阶相对较低，且内容层面尚缺乏详尽具体的操作指引，难以全面覆盖并解决司法实践中遇到的多重问题。鉴于该类型诉讼在现实中的广泛应用与重要性，完善关于刑事附带民事公益诉讼的法律规定具有重要意义。

# 第四章　刑事附带民事公益诉讼的识别

## 第一节　刑事附带民事公益诉讼和检察刑事附带民事公益诉讼的区分

### 一、检察刑事附带民事诉讼的概念界定

检察刑事附带民事诉讼，是指人民检察院在提起刑事公诉过程中，若遇国家或集体财产受损，且直接管理单位或主体未能或无法提起附带民事诉讼时，基于保护国家及集体利益的考量，人民检察院有权自行提起附带民事诉讼。依据《中华人民共和国刑事诉讼法》第一百零一条第二款的规定，此类诉讼的适用范围严格限定于国家和集体财产，排除其他类型财产的纳入。

此诉讼制度具有显著特征：其一，侵害对象明确指向国家或集体财产；其二，诉讼提起主体特定为人民检察机关。检察机关提起此类诉讼须满足特定条件，即当财产的直接管理者，如国有财产管理机构、集体组织等未主动提起诉讼，或此类管理主体缺失时，检察机关方可行使诉讼权利。

检察刑事附带民事诉讼在诉讼主体及特性层面，与刑事附带民事公益诉讼展现出较大的相似性。鉴于国家和集体财产常被视作社会公共利益的重要组成部分，理论界与司法实践中不乏将两者等同视之的观点与操作。通过对检察机关以国家财产或利益受损为由提起的附带民事公益诉讼案例的深入剖析，发现在司法实践中存在将刑事附带民事公益诉讼与检察刑事附带民事诉讼混淆使用的现象。

笔者通过实证研究，逆向审视了将检察刑事附带民事诉讼视为刑事附带民事公益诉讼的问题，不仅探讨了两者在司法适用边界上的模糊性与相互混用的现状，还进一步深挖了导致此问题产生的根源所在。

## 二、两种制度混淆的表现

检察刑事附带民事公益诉讼被误用为刑事附带民事诉讼，是制度混淆的一个显著体现。本书通过深入剖析相关新闻报道、内部办案规则及广泛司法判例，揭示了以下两大方面的混淆适用现象：

### （一）检察刑事附带民事诉讼的范围扩展至公共利益

自 2004 年起，为应对刑事附带民事诉讼的发展需求，部分地方检察机关制定了规范司法活动的内部办案规则。例如，有些地方人民检察院与同级人民法院联合出台的规定，将检察机关提起附带民事诉讼的适用范围从传统的"被告人犯罪行为导致国家、集体财产损失"拓展至涵盖违反法律规定、破坏自然生态资源、严重污染环境、损害公共利益及公众利益的案件；有些地方人民检察院的内部办案规则及司法协议将生态环境破坏等行为纳入刑事附带民事诉讼范畴，明确强调了对公共利益的保护。

上述情况反映出，相关检察机关在实践中将国家、集体财产损失与公益诉讼所针对的生态破坏、环境污染等不特定主体的社会公共利益相混淆，错误地将本应由刑事附带民事公益诉讼保护的对象纳入刑事附带民事诉讼之中。此类做法不仅揭示了检察刑事附带民事诉讼与刑事附带民事公益诉讼之间的混用现象，也体现了地方检察机关在制度理解上的偏差。

**（二）司法案件定性的偏差**

1. 检察机关在刑事附带民事公益诉讼中使用的称呼

在司法实践中，对检察刑事附带民事公益诉讼中称谓的误用现象显著体现了制度混淆的问题。本书深入剖析了相关新闻报道、检察机关内部办案规则及广泛司法判例，发现检察机关在刑事附带民事公益诉讼中常被不当地冠以"原告"之名，如"公诉机关暨附带民事公益诉讼原告人""公诉机关暨附带民事诉讼原告人""公诉机关/附带民事原告暨公益诉讼人""公诉机关暨刑事附带民事诉讼原告人"。

此分析结果支撑起以下两大核心观点。

（1）"公益诉讼人"与"原告人"的身份界定。自刑事附带民事公益诉讼试点工作启动之初，检察机关在参与公益诉讼中的身份便被明确界定为"公益诉讼人"，此称谓具有专属性与不可替代性，在普通民事公益诉讼及附带民事公益诉讼中均应保持一致。相应地，《最高人民法院关于适用〈中华人民共和国刑事诉讼法〉的解释》第一百四十二条第二款明确将检察机关在检察附带民事诉讼中的角色界定为附带民事诉讼原告人。由此可见，"公益诉讼人"与"原告人"分别代表了附带民事公益诉讼与检察附带民事诉讼的不同身份，两者在适用上应严格区分，避免混淆。

（2）称谓误用所映射的制度混淆问题。司法机关在刑事附带民事公益诉讼中采用"原告"类称谓，实际上反映了检察刑事附带民事诉讼与刑事附带民事公益诉讼之间的制度混淆。例如，"附带民事公益诉讼原告人"的称谓使用，凸显了司法机关对附带民事公益诉讼本质特性的理解不足，以及对两种诉讼制度规定的混淆应用。

2.典型案例

在本书针对检察刑事附带民事诉讼与刑事附带民事公益诉讼之间混淆现象的探索中，作者依托中国裁判文书网及"北大法意"数据库，以"检察院提起刑事附带民事诉讼"作为检索关键词，聚焦于"一审"案件，并严格以《中华人民共和国刑事诉讼法》第一百零一条第二款（现行为第九十九条第二款）作为裁判依据进行筛选与甄别，最终收集 14 条及 36 条有效案例。通过对这些案例的深入剖析，本书实证性地揭示了司法实务中两种诉讼制度之间存在的混淆状况，从而有力支撑了前期理论探讨与论断的合理性。

一些案例从反面视角揭示了司法实践中存在的制度混用问题，即将本属公益诉讼范畴的环境污染行为错误地纳入了检察刑事附带民事诉讼的范畴，凸显了部分司法机关在区分刑事附带民事公益诉讼与检察刑事附带民事诉讼时的辨识不清。例如，环境污染并不属于《中华人民共和国刑事诉讼法》第一百零一条第二款（原第九十九条第二款）所规定的国家财产、集体财产损失范畴，但检察院仍基于维护社会公共利益的考量提起了附带民事诉讼，这反映了实践中对两种诉讼制度界限认知的模糊及混用现象的存在。一些案例还揭示了地方司法机关在识别与运用相关制度时可能存在的认知与操作偏差，亟须通过系统化的分析与纠正，以明确并规范刑事附带民事公益诉讼制度，避免制度混用导致的法律适用错误及诉讼效率的降低。

## 三、混淆原因剖析

刑事附带民事公益诉讼与检察刑事附带民事诉讼之间的混淆现象，其根源深植于法律实践中的认知误区。此类误解并非孤立个案，而是司法机构中普遍存在的现象，其普遍性揭示了问题的根源超越了个别司法工作者主观认知的局限，而是与多重客观因素交织关联。深入剖析并纠正这些认知错误的原因，不仅在理论上具有迫切需求，更对司法实践具有重要的指导意义。

当前，刑事附带民事公益诉讼与检察刑事附带民事诉讼混淆问题的核心症结之一，在于相关理论研究的薄弱与不充分。关于刑事附带民事公益诉讼的理论探讨尚显不足，难以为司法实践提供坚实的理论支撑和清晰的操作指引。为更全面地审视这一理论短板，本书以检察刑事附带民事诉讼为切入点，借助中国知网等权威学术资源平台，进行了系统性的检索与分析，旨在通过实证分析检察刑事附带民事诉讼的理论研究现状，反向映照并补充对刑事附带民事公益诉讼与检察刑事附带民事诉讼混淆问题的理解。研究结果显示，现有文献在数量与深度上均显匮乏，研究的广度与深度尚不足以对司法实践形成有效指导。

### （一）研究成果的量化评估

为全面审视刑事附带民事诉讼领域的研究现状，笔者在中国知网平台实施了精确的关键词检索，即"检察机关提起刑事附带民事诉讼"。检索结果显示，共计获得相关文献204篇，细分为期刊论文93篇、博士毕业论文和硕士毕业论文109篇、会议论文2篇（见表4-1）。经过严谨筛选与剔除非直接相关项后，确定与检察机关提起刑事附带民事诉讼直接关联的期刊论文为31篇，占期刊论文总数的33.3%，而博士毕业论文和硕士毕业论文则为7篇，占比6.42%。还发现了8篇虽未直接以"公益性"为题，但内容高度相关的文献，其中期刊论文6篇，占比19.3%，博士毕业论文和硕士毕业论文2篇，占比28.6%。

表 4-1 检察机关提起刑事附带民事诉讼文献统计表

单位：篇

| 相关性 | 类型 | | | |
| --- | --- | --- | --- | --- |
| | 期刊论文（篇） | 博士毕业论文和硕士毕业论文（篇） | 会议论文（篇） | 总数（篇） |
| 出现的数量 | 93 | 109 | 2 | 204 |
| 与主题相关的数量 | 31 | 7 | 0 | 38 |
| 与主题相关且题目有"公益性"表述的 | 6 | 2 | 0 | 8 |

基于上述文献的量化分析与梳理，可以清晰地观察到，目前关于刑事附带民事诉讼的研究成果总量相对有限，尤其是深入探讨该议题的系统性学术论文及专门研究的毕业论文更是稀缺。这一现状凸显了尽管《中华人民共和国刑事诉讼法》已明确确立刑事附带民事诉讼的制度框架，但学术界对于该领域的理论研究尚未形成充分的学术积淀，其在指导法律实务方面的作用也显得较为薄弱。它也揭示了学术界对该法律制度的认知与关注程度尚显不足，亟须通过增强相关理论探索与实证研究，以丰富和完善该领域的学理基础，进而为司法实践提供更加坚实和系统的理论支撑。

### （二）研究层次的局限性与深化方向

经过对现有学术文献的细致剖析，本书揭示出当前检察刑事附带民事诉讼领域的研究存在若干层次上的局限性。尽管已有成果广泛涉及案件数量统计、检察机关诉讼地位及权利义务界定、国有及集体财产认定等多个维度，但在检察刑事附带民事诉讼的客观范围界定及国有财产与社会公共利益的法律明晰上，学术界研究尚显不足。现有研究成果在层次结构上呈现出两大显著缺陷。

其一，学术平台权威性有待提升。分析表明，多数相关研究散见于学术影响力相对有限的期刊之中，这些平台在学术引领力和实践指导力方面较为薄弱，难以充分保障研究成果的质量及其对法律实务的切实影响。部分研究成果的时效性不足，也削弱了其对当前法律问题的解释力和指导价值。

其二，制度混淆现象较为普遍。具体表现为，部分研究未能清晰区分刑事附带民事公益诉讼与检察刑事附带民事诉讼的法律本质与适用范围，出现了将两者混同的现象。例如，有文献错误地将国有财产的刑事附带民事诉讼冠以"公益性刑事附带民事诉讼"之名，这种法律属性的误用反映了研究中对相关制度理解的模糊性。此问题在部分早期文献中尤为突出，这些文献诞生于检察机关尚未获得公益诉讼提起权之前，凸显了对检察机关职能定位理解的偏差。

检察刑事附带民事诉讼的理论研究亟待进一步深化与精细化，特别是在制度边界的精准划定及其实践应用的明确指导上，亟须加大学术投入。未来研究应致力于拓宽研究视野，深化研究深度，同时注重提升研究成果的学术质量与实际应用价值，以确保法律理论与司法实践之间的有效衔接与相互促进。

在实质内涵层面，存在对两种制度界限的模糊处理。除标题与制度阐述中"公益"一词的泛用外，众多理论探讨在核心内容上也未能清晰界分此两种制度。混淆主要体现于以下两大维度。

第一，部分观点将国家财产与集体财产的保障直接等同于社会公共利益的维护，进而主张针对此类财产的司法救济应纳入公益诉讼范畴。此类观点往往忽视了国家财产、集体财产与社会公益之间的本质差异，错误地将国家与社会的利益等同视之，将公共利益简单理解为多数人的利益集合，进而将国家利益和集体利益纳入公共利益的范畴。例如，有研究声称："国家公产作为公法领域的国家财产，承载着公共利益的使命。"另有论述强调，检察机关代表公共利益提起附带民事诉讼的权能至关重要，它能搭建起国家公共权益与司法审判之间的桥梁，解决无适格原告情况下国家与社会公共利益受损却难以获得法律救济的问题。

第二，某些理论成果错误地将检察机关在附带民事诉讼中的角色定位为公益诉讼的专属代表人，这一身份在公益诉讼中具有特定性。这些研究基于保护社会公益的考量，主张检察机关应以公益代表人的身份，在刑事诉讼进程中附带提起民事诉讼，以保障国家利益的实现。例如，有观点指出："我国检察机关作为法定的诉讼主体，依据法律授权，为维护国家和集体利益，以人民检察院的名义提起附带民事诉讼，其在刑事公诉中扮演公诉人角色，而在附带民事诉讼中则转化为公益诉讼代表人的身份。"还有研究从法律监督职能出发，论证检察机关作为公共利益的守护者，有责任为国家和社会利益受损提供法律救济，其核心在于检察机关作为国家的法律监督机关，能够代表国家和社会公共利益，据此身份提起附带民事诉讼。

现有关于检察刑事附带民事诉讼的理论研究呈现出数量有限且分布零散的现状。在研究深度与广度上，则表现出层次不高、对制度客观范围探索不足、制度定位失准等问题。这一研究现状，加之刑事附带民事公益诉讼制度的新兴性质，相关理论研究的匮乏与实践经验的不足，共同促成了将两者混淆的理论与实践误区。

## 第二节　刑事附带民事公益诉讼的客观范围

明确界定刑事附带民事公益诉讼的客观范围，作为区分诉讼制度的关键要素，决定了特定诉讼程序的启动前提。对于刑事附带民事公益诉讼而言，精准划定其客观范围构成了制度应用的基础。

## 一、确立以不特定多数主体的社会公共利益为客观范围

本书已明确,附带民事公益诉讼的适用边界划定在不特定多数主体的社会公共利益之上。此界限不仅限定了程序的适用范围,更构成了制度存在的正当性基础及其与其他诉讼制度相区别的核心特征。张卫平教授阐释,环境污染案件可能仅涉及特定个体利益,也可能超越此范畴,触及不特定多数人的共同福祉。同样,在消费者权益受损案例中,虽然未必直接关联社会公共利益,但一旦触及,则必须基于不特定多数人的利益受损提起民事公益诉讼。

在评估主体不特定性时,可遵循一项简明标准:若不通过附带民事公益诉讼途径寻求救济,是否存在其他适格主体能够提起普通民事诉讼。仅当确认无直接利害关系主体能够行使诉权时,方可考虑启动附带民事公益诉讼程序。在司法实践中,检察机关应严格遵守前置公告程序,确保在公告期内无适格主体(特指法律规定的公益诉讼主体,非单纯利害关系人)提起民事公益诉讼后,方可启动附带民事公益诉讼。此处的"无适格主体"特指缺乏法定公益诉讼资格的主体,而非泛指所有潜在利害关系人。检察机关在决策前,须首先确认受损利益是否涉及不特定多数人,且不存在直接利害关系人;其次确认是否存在其他法律规定的、超越直接利害关系的主体已提起或可能提起民事公益诉讼。唯有在上述条件均不满足时,方可正式启动附带民事公益诉讼程序。

## 二、明确客观范围聚焦于环境公益与消费者类公益

基于前述讨论,刑事附带民事公益诉讼的客观范围应严格界定于生态环境破坏与资源保护、食品药品安全领域内侵害众多消费者合法权益的社会公共利益之上。依据《中华人民共和国民事诉讼法》第五十五条所确立的限缩原则,检察机关在启动附带民事公益诉讼时,应专注于上

述两类社会公益受损情形，排除其他非此范畴的利益侵害行为作为诉讼标的。尽管现行法律框架未绝对禁止检察机关就其他类型案件提起民事公益诉讼，但针对环境公益与消费者类公益之外的侵害行为，检察机关行使此项职权尚需法律另行明确规定，当前制度体系内尚无相应授权。

《中华人民共和国民事诉讼法》及其司法解释如《最高人民法院 最高人民检察院关于检察公益诉讼案件适用法律若干问题的解释》中采用"等侵害社会公共利益"的表述，从文义解释维度出发，"等"字在此应视为对前述环境及食品药品安全领域侵害行为的概括性列举后的收束，旨在明确列举后的范围限制而非扩展。立法意图是通过此等表述限缩检察机关提起民事公益诉讼的适用范围。司法实践应遵循此立法精神，严格界定附带民事公益诉讼的客观范围，以确保制度的精准适用。

限缩原则的设置，旨在调和检察机关作为公权力主体在介入民事权利救济时可能引发的法理抵触与制度间的张力，通过一种限制性与审慎性的态度，缓解公权力直接干预可能带来的"先天性"理论障碍与实践挑战。检察机关仅在确有必要且符合法定条件的情况下，方可介入民事公益诉讼领域，对于未明确纳入客观范围的事项，应保持谨慎态度，避免制度滥用。据此，在司法实践中，必须严格遵循客观范围的限缩原则，对检察机关提起刑事附带民事公益诉讼的权限进行合理规制，确保制度运行的正当性与有效性。

在司法实践中，即便司法机关倾向于将"等"视为非穷尽性列举，即理解为一种兜底性条款，进而考虑对除环境侵权与消费者侵权外的其他行为提起刑事附带民事公益诉讼时，也应秉持审慎与节制的原则。此举旨在防止因片面追求公益诉讼案件数量的增长而任意扩大兜底条款的适用范围，从而规避诉讼的滥用。在此情境下，两个核心要素需得到高度重视。第一，所涉行为必须确凿无疑地侵害了不特定多数人的社会公共利益。第二，必须存在提起附带诉讼的充分必要性。检察机关固然拥有提起刑事诉讼与民事公益诉讼的双重职权，但这并不自动意味着两者必须在同一诉讼程序中合并进行。即便在刑事侦查过程中揭露了侵害社会公益的行为，也非必须附带提起民事公益诉讼。附带民事公益诉讼的提起应基于节约司法资源、避免矛盾判决的明确目的。尤为关键的是，此类诉讼的附带提起不得妨碍民事公益诉讼的公正审理与正常进行，且必须严格遵循民事诉讼的基本原则。

# 第五章　刑事附带民事公益诉讼制度层面解析

## 第一节　诉前公告

### 一、规则模糊引发公告执行不一的困境

通过综合分析，刑事附带民事公益诉讼的实践现状凸显出一个显著问题：检察机关在是否遵循检察公益诉讼诉前公告程序上存在显著差异。部分检察机关严格遵循要求，在提起民事公益诉讼前进行了公告；而另一部分则直接在刑事诉讼中附带提起，未执行公告程序。公告作为检察公益诉讼诉前程序的关键环节，其设计初衷在于增强检察监督的效能，促进多元主体参与，并优化司法资源配置。依据《最高人民法院 最高人民检察院关于检察公益诉讼案件适用法律若干问题的解释》的明确规定，检察机关在启动民事公益诉讼前须依法进行为期 30 天的公告，此为提起诉讼的法定前置条件。

在刑事附带民事公益诉讼的特定情境下，关于诉前公告的必要性，

现行制度框架内缺乏清晰明确的指引。《最高人民法院　最高人民检察院关于检察公益诉讼案件适用法律若干问题的解释》虽然就诉前公告作出了原则性阐述，但未就刑事附带民事公益诉讼的具体适用情形作出细化规定，从而造成了公告要求的缺失。无论是最高人民法院与最高人民检察院发布的指导性案例，还是司法机关内部的办案指南，均未对此问题提供明确指引，进而导致了司法实践中公告执行情况的混乱。

公告作为民事公益诉讼提起的实质性要件，其意义远超过简单的信息告知，它体现了检察民事公益诉讼的补充性角色定位。刑事附带民事公益诉讼前不进行公告的情况，不仅动摇了补位原则的实践基础，还引发了制度指引的不确定性，削弱了司法的权威性与一致性。更为严重的是，这种不一致性还可能对刑事诉讼程序的顺畅进行造成干扰，影响诉讼效率与公正。

鉴于此，针对当前实践中公告执行不统一的问题，亟待制定详尽且具有针对性的刑事附带民事公益诉讼诉前公告规定，以明确适用标准，统一司法操作，确保诉讼制度的顺畅运行与司法权威的有效维护。

## 二、原因剖析

### （一）先行公告之缘由

先行公告的实施根植于法律的明文规定。公告资料显示，其均遵循统一的规范化格式，并在法律依据部分明确指出："依据《中华人民共和国民事诉讼法》第五十五条第二款及《最高人民法院　最高人民检察院关于检察公益诉讼案件适用法律若干问题的解释》第十三条第一款之规定，特此公告，旨在敦促并建议具备起诉资格的机关和社会组织，自公告发布之日起三十日内，向具有管辖权的法院提起诉讼，并将相关情况以书面形式反馈至本院。若逾期未提起诉讼，检察机关将依法行使起诉权。"由此可见，检察机关实施先行公告的行为，严格遵循了法律的直接要求，未受其他外部因素干扰。

### （二）未行公告之缘由探析

在司法实践中，未进行公告的现象背后，主要存在以下三个方面的深层次原因。

其一，未进行公告是刑事附带民事公益诉讼"刑事为主，民事为辅"的诉讼特性所决定的。作为一种特殊的诉讼形式，刑事附带民事公益诉讼在诉讼构造上紧密依附于刑事诉讼，两者共享同一审判程序。在刑事与民事程序发生冲突时，刑事诉讼规则享有优先适用权。当检察机关提起刑事公诉时，附带民事公益诉讼的提起被视为刑事诉讼的自然延伸。若先行公告，可能导致法定机关或相关组织单独提起民事公益诉讼，从而割裂了刑事诉讼与附带民事公益诉讼的内在联系，违背了刑事附带民事公益诉讼的固有属性，即在同一诉讼程序中同时解决刑事与民事争议，以确保诉讼效率与裁判的一致性。

其二，先行公告可能背离司法资源优化与诉讼效率提升的目标。检察机关在处理刑事案件时，若同步发现涉及公益的线索并计划提起附带民事公益诉讼，此时若前置公告程序，可能会打断刑事诉讼的连贯进程。此举将附带民事公益诉讼置于一个不必要的"等待阶段"，导致刑事诉讼与附带诉讼之间的衔接出现断裂，违背了附带型诉讼旨在整合诉讼资源、加速诉讼进程、缩短诉讼周期的初衷。进一步而言，鉴于检察机关审查起诉的法定时限通常为一个月，若再叠加为期30天的诉前公告期，无疑会显著延长刑事案件的处理周期，特别是在案情相对简单的案件中，可能因程序冗长而损害案件处理的时效性与质量，加剧诉讼程序间的相互牵制与延误。在刑事诉讼时限的严格约束下，为避免公告程序对刑事诉讼顺畅进行的潜在阻碍，直接提起附带民事公益诉讼而不进行公告，成为一种值得考虑的合理路径。

其三，检察机关工作效能与业绩考量下的综合影响。在刑事附带民事公益诉讼的实践中，案情梳理、证据收集、辩论对抗等核心诉讼活动往往与刑事诉讼进程深度融合，尽管两者在法律程序上有所区分，但诸多关键诉讼活动实质上重合进行。鉴于检察机关在刑事诉讼阶段已充分收集证据并构建案件事实框架，基于工作流程的一致性与便捷性，其更倾向于将刑事与附带民事公益诉讼一并处理，而非将已趋成熟的民事公益诉讼部分转交他方，以免增加不必要的协调成本。检察机关在刑事附带民事公益诉讼中的双重身份——首要为公诉人，次之为附带民事公益诉讼主体，使其在执行法律监督职能时，更加积极地维护社会公共利益，有时可能因角色定位的差异而忽视诉前公告的程序价值。

检察公益诉讼在快速发展期，面临来自上级督导及同级、跨地区检察机关间的竞争。在此背景下，提升公益诉讼案件数量与拓展公益诉讼程序类型成为检察机关的重要工作目标。刑事附带民事公益诉讼作为一种新颖且高效的诉讼模式，成为各级检察机关竞相探索与应用的领域。综合考量检察机关在刑事案件审查起诉、证据审查、案件退侦等方面的实际运作情况，以及附带民事公益诉讼案件线索流转、证据收集、举证责任分配等多重因素，赋予检察机关直接提起附带民事公益诉讼的职权，成为提升诉讼效率与回应现实需求的必然选择。

尽管省略附带民事公益诉讼诉前公告程序有其内在逻辑与现实考量，但这并不足以证明其完全正当性。诉前公告制度的缺失，可能加剧公告与否两种实践路径的对立，引发司法适用上的混乱，进而对刑事附带民事公益诉讼制度的规范化、科学化发展构成潜在影响。

## 三、诉前公告规则的准用性探讨

本书主张，在检察机关着手提起刑事附带民事公益诉讼之际，应参照现行检察民事公益诉讼的普遍规则，实施诉前公告程序。若公告期间内有相关机关或组织明确表达提起民事公益诉讼的意愿，则应尊重其诉讼权利，允许其独立提起诉讼；若公告期满而无相关响应，则检察机关可依法提起附带民事公益诉讼。

### （一）诉前公告的独立性与诉讼性质、功能的区分

部分观点认为，刑事附带民事公益诉讼的"刑主民辅"特性及其促进诉讼效率、节约司法资源的功能，构成了省略诉前公告的正当依据。从法理逻辑上深入剖析，此等论点存在根本性缺陷。"刑主民辅"的诉讼架构及其效率与资源节约的优势，均是在刑事附带民事公益诉讼正式启动并有效运作后方能显现的。公告作为诉讼启动前的程序设置，其存在并不受制于一个尚未构建完成的诉讼性质或功能。公告的决定点在于诉讼提起之前，此时附带民事公益诉讼尚未形成，故无法以未来可能具备的诉讼特性来倒推限制当前的公告制度。

提升诉讼效率与节约司法资源虽为刑事附带民事公益诉讼所追求的价值目标，但这些目标应被视为激励诉讼主体优化程序运行的导向，而非强制适用特定程序的绝对理由。作为制度设计的优势之一，它们更多地体现为选择适用该制度的考量因素，而非省略诉前公告的必然依据。正如最高人民法院与最高人民检察院所强调的，民事公益诉讼既可附带于刑事诉讼提起，也可独立进行，这表明诉前公告的适用与否，不应单纯受制于制度的功能性考量。

### （二）诉前公告对刑事诉讼进程的非实质性干预

部分论点质疑诉前公告的必要性，担忧其三十日的期限可能构成对刑事诉讼进程的阻碍，进而主张在刑事诉讼时限的考量下应予以省略。本书持相反观点，认为诉前公告对刑事诉讼的实质性影响甚微，理由阐述如下。

其一，诉前公告与刑事公诉的启动无直接冲突。《中华人民共和国刑事诉讼法》第一百零一条明确规定，附带民事诉讼可在刑事诉讼过程中提出，这一条款同样适用于附带民事公益诉讼。据此，检察机关在启动诉前公告程序时可并行地向人民法院提起刑事公诉，确保刑事诉讼流程

的连续性与完整性，公告期间内刑事诉讼活动得以正常推进，不受公告程序的干扰。另外，刑事诉讼作为核心程序，其审理并不以附带民事公益诉讼的具体事项确认为前提，此系《中华人民共和国刑事诉讼法》允许在特定情形下将两者分离审理的立法基础，进一步印证了公告程序对刑事诉讼进程的非实质性影响。

其二，若公告期内相关组织或机关明确表达提起民事公益诉讼的意愿，则公告程序可适时终止，从而有效缩短公告时长，避免对刑事审判造成不必要的延误。在公告形式的选择上，本书倡导灵活多样的公告方式，包括向特定组织发出征询意见等广义公告手段，此类方法不仅能够提升公告效率，还能在一定程度上缩短公告期限，确保刑事诉讼与附带民事公益诉讼程序的和谐共生。

其三，刑事附带民事公益诉讼通过有效整合刑事诉讼既有成果，能够显著提升诉讼效率。诉前公告程序并不预设附带民事公益诉讼与刑事诉讼的必然分离。依据《中华人民共和国刑事诉讼法》第一百零四条的规定，虽在特定情形下可将刑事案件与民事诉讼分离审理，以避免刑事案件审理的过分迟延，但此规定更多针对刑事案件审结后，附带民事案件单独审理的场景。在刑事附带民事公益诉讼中，若诉前公告期满未有机关或组织响应，检察机关随后提起的附带民事公益诉讼，仍可无缝衔接至尚未终结的刑事诉讼中，继续并行审理，此举并不违背刑事附带民事公益诉讼常规的审理次序。

附带民事公益诉讼在审理过程中，大量依赖于刑事诉讼所取得的成果，包括证据收集、事实查明等核心庭审环节，均可直接援引刑事诉讼的既有成果，无须重复劳动。这一机制下，诉前公告期间，刑事诉讼的持续推进不仅不受影响，其所累积的诉讼成果还能为后续提起的附带民事公益诉讼提供时间与资源上的双重便利。此诉讼架构不仅彰显了刑事附带民事公益诉讼的独特优势，也契合了该类诉讼追求高效与资源优化配置的本质要求。

### （三）维护制度体系的一致性与完整性

检察民事公益诉讼的诉前程序，其核心价值在于整合各方资源，共同维护社会公共利益。《最高人民法院 最高人民检察院关于检察公益诉讼案件适用法律若干问题的解释》所确立的诉前公告制度，正是通过公告的形式，前置性地履行诉前职能，以激发其他适格主体参与民事公益诉讼的积极性。此举与试点阶段采用的检察建议书等诉前措施，在目的与功能上高度契合，均体现了制度设计的动员性与引导性。展望未来，诉前公告程序有望成为我国检察机关提起民事公益诉讼的标准化前置程序，其导向性作用不言而喻。在构建刑事附带民事公益诉讼制度时，应秉持这一制度逻辑，确保诉前公告环节的设置与总体要求相协调，以维护整个公益诉讼程序体系的连贯性和系统性。

在检察民事公益诉讼制度快速发展与完善的关键时期，构建一个严谨且统一的制度框架，对于保障制度效能的充分发挥具有重大意义。为此，本书建议最高人民法院与最高人民检察院通过发布新的指导意见或司法解释，对刑事附带民事公益诉讼中诉前公告的适用问题作出明确规范。也可借助指导性案例的发布，为司法实践提供具体指引，支持在刑事附带民事公益诉讼中准用检察民事公益诉讼的诉前公告通用规则，从而进一步完善附带民事公益诉讼的诉前公告制度。此举不仅有助于强化制度体系的内在一致性，还将有效提升司法实践的效率与公信力，促进公益诉讼事业的健康发展。

### （四）补位原则在诉前公告程序中的体现

诉前公告程序的设立，旨在激励并支持具备民事公益诉讼原告资格的法定主体主动发起诉讼，此举不仅凸显了检察机关在民事公益诉讼中的辅助与补充地位，也深刻体现了补位原则的实践应用。

补位原则蕴含双重核心价值。

其一，它作为对公权力行使的审慎规制，旨在防止检察机关在民事公益诉讼中的过度介入，确保公权力不轻易干涉民事私权领域。在国家权力体系中，各机关职能与权限均有明确界定，检察机关虽有权提起刑事附带民事公益诉讼，但此权力的行使也须遵循法定界限，避免以公权力身份直接介入民事诉讼，尤其是在民事公益诉讼领域，更应优先保障非公权力主体的诉讼权利。补位原则下的诉前公告程序，正是通过前置性公告，为其他主体提供诉讼机会，从而实现对检察机关公权力行使的有效约束，体现了法律对权利保护与权力限制的双重追求。

其二，补位原则强调社会力量在公益维护中的积极作用。民事公益诉讼关乎广泛的社会公共利益，其解决需广泛吸纳社会各方力量。诉前公告程序通过公开征集诉讼主体，鼓励社会组织、企业法人及公众积极参与，构建了一个基于社会基层的公益保护网络。在此框架下，检察机关扮演的是支持者与补充者的角色，旨在最大限度地动员社会力量，将公益保护的职责交还给公益的实际享有者。这种安排不仅减轻了国家机关的负担，也确保了公益救济的广泛性和全面性，有效避免了单一主体救济可能带来的效率低下问题，促进了公益保护机制的多元化与高效化。

鉴于补位原则的核心意义与实践要求，检察机关在针对刑事犯罪提起公诉之际，不宜径直提起附带民事公益诉讼，而应先实施诉前公告程序。仅当公告期满未有适当主体响应时，检察机关方宜依补位原则提起附带民事公益诉讼。若公告期间内有意愿主体明确表达提起民事公益诉讼的意向，检察机关则应积极鼓励其独立成讼，并在合理范围内，基于刑事诉讼中已获取的证据，向其提供必要的支持与协助。

司法作为纠纷解决的终极防线，司法机关在纠纷解决过程中相较于其他主体，无疑在技术、资源、专业能力及法律地位等方面占据优势。当司法机关介入附带民事公益诉讼时，可能自然形成诉讼双方力量对比的不均衡，这与民事诉讼所倡导的双方平等原则相悖，后者是保障民事诉讼正当性的基石。尽管检察机关以"公益诉讼起诉人"身份参与，意在褪去"公诉人"色彩，但其司法机关的本质仍难以从根本上消除与对方当事人之间的实质不平等。通过诉前公告程序优先激发其他主体的诉讼积极性，成为缓解乃至消除这种不平等现象的有效途径。

# 第二节　刑事事实认定

最高人民法院和最高人民检察院对于将刑事诉讼中确立的事实及证据引入附带民事公益诉讼持支持态度。此做法细分为两类：一是直接免除证明责任的已确认事实，二是虽未经刑事诉讼认定但符合民事诉讼证明标准而应予以认可的事实。此处理方式在提升效率的同时也可能产生刑事事实及证据在附带民事公益诉讼中效力被不恰当放大的问题。

## 一、已认定事实与证据的免证效力须审慎评估

鉴于刑事与民事诉讼在证明标准上的本质区别，将刑事诉讼中的事实和证据直接应用于附带民事公益诉讼，虽有其合理性与效率考量，但关于免除证明责任的适用，必须基于具体情况进行深入分析与审慎判断。事实上，并非所有经刑事诉讼认定的事实和证据都能无条件地在附带民事公益诉讼中享有免证特权。若盲目地、无差别地赋予其免证效力，将不可避免地导致刑事事实及证据在附带民事程序中的效力边界被不当地拓宽。笔者主张，刑事诉讼中认定的事实和证据，其免证效力的赋予应基于严格的标准与程序，而非自然获得。具体理由阐述如下。

其一，自由心证制度的内在不确定性决定了刑事与民事诉讼中的证明标准难以截然分割。证明标准根植于自由心证原则，要求法官依据内心确信对证据能力、证明力及事实认定程度进行评判。理论上，证明标准虽具完备性，但其实际应用则高度依赖于法官的个性化解读与判断分析，故证明标准本质上是一种抽象且动态的概念，难以达成精确且普适

的界定。在刑事诉讼中，"排除一切合理怀疑"作为证明标准，相较于民事诉讼的"高度可能性"标准，确实体现了更为严苛的要求。"排除合理怀疑"本身也是一个模糊概念。

此概念源自英美法系，特别是在美国，法律界对其理解存在分歧。美国联邦最高人民法院在是否需要进一步阐释"合理怀疑"上态度模糊，既承认其自明性可能导致的定义困难，又实际参与评估下级法院的相关定义是否符合宪法精神。这种矛盾态度促使联邦巡回法院与各州法院在实践中形成不同路径。即便有学者及实务界人士尝试定义"合理怀疑"，也多采用如道德确定性或有理有据的怀疑等抽象表述，虽然增进了理解，但在确立具体适用标准上作用有限。即便尝试量化界定，不同法官对于排除合理怀疑所需要达到的百分比也持有不同见解。"排除一切合理怀疑"虽蕴含高标准，其具体应用仍离不开法官的自由裁量。同理，民事诉讼中的"高度可能性"标准也作为法官裁断案件事实与证据的内在指引，其具体应用同样受到法官主观判断的影响。

在此情境下，"排除合理怀疑"与"高度盖然性"之间的界限并非固定不变。考虑到案件特性的差异、法官个体专业素养及知识背景的差别，以及侦查机关与民事当事人间举证质证能力的悬殊，刑事诉讼与民事诉讼中的证明标准未必总是存在显著差异。特别是在民事诉讼案件复杂度高、举证质证详尽深入的情境下，其事实与证据的证明力度未必弱于案情相对简单、控辩对抗不激烈的刑事诉讼。实践中"排除合理怀疑"的认定标准可能在某些情境下与"高度盖然性"相当，甚至有所不及。在心证主导的证明标准体系下，难以一概而论地认为刑事诉讼的证明程度必然超越民事诉讼。这种标准差异的非绝对性，使刑事认定的事实与证据在附带民事公益诉讼中的直接免证应用，存在效力过度扩张的风险。

其二，刑事与民事诉讼在功能定位上的差异，可能促使两者在证明标准上的界限趋于模糊乃至重合。刑事诉讼聚焦于定罪量刑，尤其注重定罪过程，所有活动均围绕此核心展开，包括对人权保护的考量，也主要基于宪法原则以防范程序瑕疵。民事诉讼则旨在明确民事权利义务关系、解决纠纷并维护民事法律秩序，其灵活性和调解机制的广泛应用就是对此的最好诠释。在附带民事公益诉讼中，重点转向对侵权事实、因果关系及损害程度的深入调查与证明，而这些要素在刑事诉讼中可能因其不是核心关注点而未被详尽审查。民事诉讼的严格性与刑事诉讼的相对宽松性，可能导致两者在证明标准上呈现趋同趋势。

以环境污染案件为例，刑事审判关注于污染行为是否构成犯罪，对损害程度的审查往往以满足定罪量刑需求为限。而在附带民事公益诉讼中，损害程度直接关系赔偿数额的确定，需要经过细致调查与严格质证。若允许刑事认定的事实直接免证适用于民事公益诉讼，即便其满足刑事证明标准，也可能与实际损害情况存在显著差异，这种差异在民事公益诉讼中可能产生深远影响。

其三，关于未经生效判决的刑事事实和证据的免证正当性基础问题，缺乏坚实的理论依据与实践支撑。在常规法律实践中，一项诉讼中认定的事实与证据欲在另一诉讼中免除证明责任，普遍要求前一诉讼必须已获得终局且生效的判决作为前提。诉讼事项之所以能在其他诉讼中产生拘束力，根源在于其已获得另一项终局生效判决的权威性确认。依据《最高人民法院关于适用〈中华人民共和国民事诉讼法〉的解释》第九十三条第五项之明确规定，唯有人民法院作出具备法律效力的裁定所确认的事实，方可具备免证的法律效力。

从理论维度审视，间接禁反言原则等法学原理均强调，能够产生法律效力的争议焦点，必须历经实质性审理并由终局性或有效判决所明确认定。争点效力理论也主张，法院须针对争议点作出深入的实质性判断，且此判断的最终体现形式即为终局判决。我国民事诉讼领域的预决力理论也秉持相同立场，对判决的终局性和实质性提出了严格要求。

遵循此逻辑，诉讼事项之所以能在另一诉讼中获得承认与执行，首要原因在于双方当事人（或控辩双方）通过详尽的举证、质证与激烈的辩论，穷尽各种手段，促使法官形成对事项存在与否的坚定内心确信，此确信全面覆盖了事项存在与不存在的双重面向。法官借助国家赋予的审判权威，通过司法裁判这一庄严形式，将个人内心确信转化为具有国家强制力的判决内容，以明确无误的方式解决纷争，保护合法权益。

在刑事附带民事公益诉讼的特定语境下，由于仅存在一份同时针对刑事与附带民事公益诉讼的判决，故通过刑事诉讼程序所认定的事实与证据，虽已获得法官的实质性内心确信，却尚未获得作为国家强制力明确标志的终局司法判决的形式保障。鉴于此，直接在附带民事公益诉讼中免除此类刑事认定事实与证据的证明责任，显然缺乏充分的正当性基础，难以契合法律严谨性与学术规范性的要求。

## 二、刑事案外人面临已认定事项证明标准的严苛挑战

### （一）刑事与民事诉讼参与主体身份的差异性探讨

在刑事附带民事公益诉讼的复杂框架内，刑事被告与附带民事公益诉讼的被告身份可能并不完全重合。普遍而言，两者在多数情况下保持一致，但特定情境下，如涉及共同行为人的案件中，部分行为人可能因种种原因免于刑事责任追究，而仅需就其行为承担民事赔偿责任。这类特殊个体仅需作为被告参与附带民事公益诉讼，无须卷入刑事诉讼程序。在此情境下，尽管他们是非刑事诉讼的直接参与者，却在附带民事公益诉讼中扮演着至关重要的角色，即成为所谓的"刑事案外人"。为便于论述且减少混淆，本书将此类特定当事人统一界定为"刑事案外人"；而同时身兼刑事诉讼与附带民事公益诉讼双重角色的当事人，则明确称为"刑事当事人"。这样的划分旨在更清晰地界定不同诉讼程序中的参与主体，确保论述的准确性和严谨性。

### （二）已免证事项推翻难度加大导致效力不当延伸

依据《最高人民法院关于适用〈中华人民共和国民事诉讼法〉的解释》第九十三条的规定，生效判决所确认之事实虽享有免证特权，但仍赋予当事人以反证权，即允许其通过呈现相反证据来质疑并推翻该等事实。此原则在刑事附带民事公益诉讼领域内同样适用。当附带民事公益诉讼中的一方试图推翻在民事部分已被免证的刑事认定事实与证据时，其提交的反证需满足刑事诉讼中严格的证明标准。当前制度框架及最高人民法院和最高人民检察院相关解释明确指出，若刑事与民事诉讼的当事人构成分离，即刑事案外人欲在附带民事公益诉讼中挑战刑事认定的免证事实及证据，也需遵循与刑事当事人同等的、严苛的刑事诉讼证明标准。这一要求，对刑事案外人而言，构成了参与诉讼的实质性障碍。

鉴于刑事案外人未直接参与刑事诉讼的审理流程，缺乏对相关事实与证据进行质证与辩论的机会，将其排除在刑事诉讼证明过程之外，却要求其在附带民事公益诉讼中承担与全程参与刑事诉讼者相同的证明责任，显然忽视了其作为民事实体法律关系主体的程序性参与权益，进而成为其主张实体权利的重大阻碍。在此情境下，若缺乏相应的救济机制，将进一步加剧这种不公现象。尽管刑事诉讼认定的事实与证据在附带民事公益诉讼中享有免证特权，且此特权并不以当事人身份的一致性为前提，但鉴于刑事案外人缺失在刑事诉讼中的自我辩护渠道，已致其处于不利地位。特别是在尝试推翻这些免证事实与证据时，若强加于其等同于刑事当事人的证明标准，无疑会加大其举证难度，造成诉讼程序上的不公，实质上促使刑事认定事实与证据在附带民事公益诉讼中的效力不当地向外扩张。

## 三、未获认定之事实与证据免证效力的缺失

如前所述，证明标准本质上蕴含不确定性，难以作为刚性且精确无

误的评判标尺。若将存在瑕疵的认定事实与证据赋予免证特权，并进而放宽民事诉讼的审查标准，使刑事诉讼中未经明确认定的相关材料与证据轻易进入附带民事公益诉讼领域，无疑将对民事诉讼的稳定性与公正性构成更为严峻的挑战。免证力的确立根植于事实的清晰认定之上，此乃其前提条件。若刑事诉讼阶段对特定事实与证据未予认定，便赋予其在附带民事公益诉讼中的免证地位，则显然缺乏构建免证力所需的法理基石，即核心要件尚未齐备。

在刑事附带民事公益诉讼的语境下，若单纯依赖已不复存在的终局判决形式效力作为支撑，实则已动摇了该制度的基础。更进一步，若允许未经认定的事实与证据在附带民事公益诉讼中直接免证，此举不仅忽视了实质效力要件的重要性，更是仅依赖颇具变数的证明标准作为免证的唯一依据。此举的法理正当性基础显得尤为薄弱，极易对诉讼机制的完整架构与公正价值造成侵蚀。

# 第三节　证据认定

## 一、明确已认定主要刑事事实与证据的免证原则

当前，最高人民法院和最高人民检察院未对刑事认定事实和证据在附带民事公益诉讼中的免证范围作具体区分，实践中亟须构建一套精细化的分类认定体系。并非所有源自刑事程序的事实与证据都能无条件地免除附带民事公益诉讼中的证明责任，而是应依据其性质与重要性进行科学合理的划分。

### （一）免证效力的核心事实界定

在探讨哪些刑事事实可在附带民事公益诉讼中直接免证时，可借鉴

前诉判决对后诉影响的相关法学理论。英美法系中的实践表明，仅刑事有罪判决因其严格的形成过程和高标准的证明要求，方能在民事案件中产生约束力，而无罪判决则因基于无罪推定原则而不具备此类效力。大陆法系中，争点效力理论与预决力理论也强调，能对后诉产生效力的争点需具备主要性且经充分争议，或至少为判决所确认的实体事实。

在附带民事公益诉讼中具有免证效力的刑事事实，应限定为那些经过严格争议程序并被认定为有罪的基础性事实。此类事实不仅是刑事诉讼的核心所在，也是整个庭审过程最为集中和深入的审议对象，其认定过程涵盖了举证、质证、辩论等多个环节，确保了高度的正当性与准确性。即便在缺乏独立裁判文书确认的情况下，这类经过全面审理并认定的有罪事实，仍可在附带民事公益诉讼中享有免证特权。

### （二）免证效力之证据界定

证据的免证效力根植于其在质证环节的充分展现，故而，任何具备免证资格的证据均须历经严格且充分的质证与辩论程序。在刑事附带民事公益诉讼的架构下，刑事部分承担着案件事实探明与证据收集的重任，检察机关则往往基于刑事侦查阶段的既有成果开展诉讼活动，较少另行启动调查取证程序。多数刑事案件中的证据亦会转化为民事诉讼的证据基础。为确保此类证据在附带民事公益诉讼中的免证地位，其必须已在刑事诉讼中经受了严谨细致的质证流程。

鉴于刑事诉讼与附带民事公益诉讼在诉讼焦点上的差异，对证据的选择与应用也各有侧重。能够在附带民事公益诉讼中继续发挥作用的刑事证据，应当是与该民事公益诉讼的审判要点紧密相连、具备直接关联性的证据材料。这一界定原则，既保障了刑事证据质证过程的严谨性，又确保了其在民事诉讼中的适用恰当性与相关性。

## 二、刑事案外人反证适用民事证明标准的考量

在刑事附带民事公益诉讼框架内，针对刑事案外人旨在推翻刑事免证事实与证据所提交的相反证据，其面临的过高证明标准问题亟待关注。纪格非教授在探讨刑事裁判对民事诉讼预决效力的议题时指出，对于案外人而言，刑事裁判书中记载的事实应视为初步证据，除非案外人提出异议并辅以证据反驳，否则法院可据此作为裁决依据。在此逻辑下，案外人所提出的相反证据，其接纳与评估应遵循民事诉讼中的优势证明标准，达到"高度盖然性"即可。笔者赞同此观点，并认为此解决方案同样适用于刑事附带民事公益诉讼场景，即刑事案外人所提交的证据应依据民事诉讼的证明标准进行评判。

## 三、未认定刑事事实与证据在民事程序中的证明辩论必要性

诉讼事项的免证力构建需法官的实质效力认定与裁判形式的双重支撑。鉴于刑事附带民事公益诉讼的独特性，虽然可适当放宽形式要件的要求，但对实质确定力的坚持则不容动摇。法官的认定过程，作为审判权行使的实质体现，是将国家赋予的司法权威置于事实与证据之上的法律过程。缺乏此过程的内心确信，无法形成对诉讼主体具有法律拘束力的结论。未经刑事程序认定的事实与证据，因缺乏审判权的直接作用与国家强制力的背书，不应自动享有免证特权。在刑事附带民事公益诉讼中，此类事实与证据必须通过举证、质证及辩论的完整程序，由法官重新形成内心确信，并据此判断是否达到认定标准。此举不仅为当事人提供了在民事程序中重新对抗的机会，也进一步增强了诉讼程序的公正性与合理性。

# 第四节　附带民事诉讼并诉

## 一、公、私益诉讼并存时的程序规范问题

### （一）附带民事公益诉讼与被害人附带民事诉讼并存的情形

刑事犯罪行为在侵犯社会公共利益之际，也潜在地威胁着公民个体的权益，由此可能触发刑事被害人依据法律规定向人民法院提起附带民事诉讼的情形。在生产或销售未达到安全标准的食品案件中，若行为人生产的食品含有毒害成分，且其销售规模庞大、波及范围广泛，这无疑对广大消费者的权益构成了侵害。在此情境下，检察机关往往会在启动刑事诉讼程序时附带提起旨在维护社会公益的民事公益诉讼。

若案件中某一具体消费者因食用此类有害食品而遭受了身体健康上的实际损害，根据《中华人民共和国刑事诉讼法》第一百零一条第一款的明确规定，该受害者有权向人民法院另行提起附带民事诉讼，以寻求对其个人民事权益的救济。由此，便产生了附带民事公益诉讼与被害人附带民事诉讼并存的局面，两者在程序上并行不悖。

附带民事公益诉讼，其本质为人民检察院代表社会公共利益所提起的诉讼，旨在广泛保护社会公益；而被害人附带民事诉讼，则是刑事诉讼中的受害者为了捍卫自身特定的民事权益而发起的诉讼，其关注点在于个体的民事权利保障。两者在诉讼性质、所涉客观范围以及诉讼主体等方面均展现出差异。

附带民事公益诉讼的存在并不构成对被害人提起附带民事诉讼权利的排斥。若因公益诉讼的提起而忽视了被害人的个人民事权益，不仅违

背了诉讼公正的基本原则，也可能在司法实践中引发不公。应确保在维护社会公益的同时也充分尊重并保障被害人的合法民事权利。

### （二）相关制度缺失的危害分析

《最高人民法院　最高人民检察院关于检察公益诉讼案件适用法律若干问题的解释》在附带民事公益诉讼与被害人附带民事诉讼并存情形的审理程序上未予明晰，这一空白直接导致人民法院在处理被害人提起的附带民事诉讼时，面临受理权限模糊、诉讼关系不清、程序顺序混乱及裁判依据不明确的困境。如果在官方正式规定或相应解释出台之前，草率地否定任一附带诉讼的提起资格，恐将构成审判权的滥用，进而损害当事人的诉权。

制度缺失之下，司法机关在处理类似案件时可能出现操作不一致的情况，会加剧同案异判现象的发生。两种诉讼程序在缺乏制度约束的条件下并行运作，极易引发审理秩序的混乱，干扰正常的诉讼流程，使原本应井然有序的审理工作因程序规则的缺失而变得杂乱无章。

立法层面的明确要求缺失，加之部分司法机关对附带民事公益诉讼与被害人附带民事诉讼的认知偏差，可能导致其中一种诉讼，尤其是被害人附带民事诉讼，被随意驳回的风险显著增加。此种现象若成常态，将严重侵害被害人的合法权益，诱发公众对司法公正的质疑与不信任，进而动摇司法权威的稳固基础。

## 二、合并附带民事公、私益诉讼

面对附带民事公私益诉讼竞合的现实挑战，关于法院是否应接纳被害人或其法定代理人近亲属提出的附带民事私益诉讼，以及如何在接纳后妥善协调刑事诉讼、附带民事公益诉讼与附带民事私益诉讼三者之间的审理关系，成为亟待解决的问题。鉴于当前制度框架内对此类情况缺乏明确指引，附带民事公私益诉讼的并存处理在实践中显得尤为复杂。

为解决此难题，本书拟从诉讼合并理论视角出发，结合我国普通共同诉讼制度，探索一种切实可行的解决方案。

## （一）附带民事公、私益诉讼合并的必要性

### 1. 受理附带民事私益诉讼的必要性

在探讨合并处理机制时，首要任务是确立人民法院受理附带民事私益诉讼的必要性。在附带诉讼体系内，附带民事公益诉讼与附带民事私益诉讼虽各自独立，但基于不同的诉讼目标、标的物及程序特性而并存，公益诉讼并不能替代私益诉讼的功能。从公益与私益的内在联系来看，两者往往相互交织，单纯以私益侵权诉讼仅关乎私人利益、民事公益诉讼仅限于公共利益的划分方式或显片面。《中华人民共和国刑事诉讼法》第一百零一条第一款已明确赋予刑事被害人在刑事公诉程序中提起民事赔偿请求的权利，法院在无法确定驳回事由的情况下，不应因检察机关已提起附带民事公益诉讼而拒绝受理被害人或其他相关主体的起诉。

从司法资源优化配置与避免裁判冲突的角度考量，也应鼓励附带民事私益诉讼的提出。对被害人及其法定代理人、近亲属而言，通过附带民事诉讼途径主张权益相较于单独提起民事诉讼更为经济高效，因为检察机关在刑事诉讼中已完成了大量证据收集与案件事实查证工作，且部分民事诉讼程序可依托刑事审判间接完成，从而大幅降低了诉讼成本与时间消耗。司法机关应秉持保障诉权与司法为民的理念，积极受理附带民事私益诉讼，确保被害人的合法权益得到有效维护。

### 2. 两者都附带于刑事诉讼

附带民事公益诉讼与附带民事私益诉讼均紧密依附于刑事公诉程序，这一特性体现在两者均是在刑事诉讼程序已经启动的基础上被提出。从程序构造的角度审视，这两种诉讼并非孤立存在，而是以刑事公诉的启动为其前提要件。当人民法院接纳了附带民事私益诉讼的申请后，刑事公诉、附带民事公益诉讼与附带民事私益诉讼便应交由同一审判组织进

行集中审理，并遵循统一的诉讼程序轨迹，其最终裁决也应由同一法律文书同步作出。在此情境下，尽管附带民事公益诉讼与附带民事私益诉讼在民事诉讼程序上未直接构成普通共同诉讼的合并形态，但两者均植根于刑事诉讼之中，实则隐含了一种间接的合并审理关系。

综合前述关于受理附带民事公益诉讼必要性的深入剖析，可进一步推导出以下结论：《中华人民共和国刑事诉讼法》关于被害人附带民事诉讼的制度设计及其在司法实践中的贯彻实施，均深刻体现了人民法院受理附带民事私益诉讼的不可或缺性。遵循附带型诉讼的基本原理，附带民事公益诉讼与附带民事私益诉讼必须紧密依托刑事公诉程序，并由同一审判组织统一审理。由此，当两者同时被提起时，其合并审理的实质条件自然得以满足，从而确保了诉讼程序的高效与公正。

**（二）附带民事公、私益诉讼合并的基础**

诉讼合并的概念在理论上可划分为狭义与广义两种范畴。狭义的诉讼合并特指诉讼标的的合并，而广义的诉讼合并则涵盖诉讼主体的合并、诉讼标的的合并以及两者的混合形态。本书探讨的附带民事公益与私益诉讼之合并，属于广义诉讼合并的范畴，且核心聚焦于诉讼主体的合并。在我国民事诉讼制度架构内，诉讼主体的合并主要体现为必要共同诉讼与普通共同诉讼两种模式，而附带民事公益与私益诉讼的合并则构成了普通共同诉讼的一个具体实例。

依据《中华人民共和国民事诉讼法》第五十二条的规定，普通共同诉讼的成立需满足以下条件：诉讼标的属于同一种类，且人民法院认为适宜合并审理并经当事人同意。该条款还指出，在普通共同诉讼中，若各诉讼标的间无共同权利义务关系，则某一当事人的诉讼行为对其他共同诉讼人不产生法律效力。这些规定明确了普通共同诉讼以诉讼标的的同类性为前提，并强调了各当事人诉讼行为的独立性。

1. 主观要件分析

普通共同诉讼的适用建立在诉讼主体合并的基础之上，其核心特征在于多个当事人的共同参与。在附带民事公益诉讼中，检察机关通常作为起诉主体，犯罪行为人则为被告；而在附带民事私益诉讼中，原告则可能由被害人或其法定代理人、近亲属担任，被告同样指向犯罪行为人。此两种诉讼形态下，至少存在两方原告（检察机关可视为原告方之一），以及一个或多个共同的被告。若案件涉及共同犯罪，则被告方人数可能进一步增加，从而形成"多对一"或"多对多"的复杂诉讼格局，这与传统民事诉讼中的"一对一"模式显著不同。正是基于这种多个当事人的存在，满足了普通共同诉讼所需的主观要件。

2. 客观要件

普通共同诉讼的客观要件核心在于诉讼标的的同种类性。此"同种类"的界定具有双重含义：一是各共同诉讼人之间的法律关系彼此独立，互不干涉；二是这些诉讼人所争议的法律关系在性质上应归于同一类别。普通共同诉讼的本质特征在于诉讼主体间的独立性，即各共同诉讼人对其诉讼标的所涉权益拥有独立的处分权，并能自主行使相应的诉讼权利与义务。

在附带民事公益诉讼与附带民事私益诉讼的情境中，尽管前者旨在维护公共利益免受侵害，后者则聚焦于私人利益的恢复，但两者均指向侵权责任关系这一共同的诉讼标的。尽管具体侵权对象有所区别，此差异并不构成将两者排除于同种类诉讼标的之外的障碍。从客观层面审视，两者具备合并审理的基础。鉴于前文已充分论证了附带民事公私益诉讼合并的必要性，结合当前满足的主观要件与客观要件，可以确认附带民事公私益诉讼在合并审理与分立审理之间具有灵活性，具体选择应依据案件实际情况及司法效率需求来综合考量。

### （三）诉讼合并后的审理模式

针对附带民事公私益诉讼并存所带来的挑战，亟须健全刑事附带民事公益诉讼的程序整合机制。本书建议，应探索建立附带民事公益诉讼与附带民事私益诉讼的合并审理模式，依托普通共同诉讼的原理，同步保障公共利益与私人权益。合并审理的框架设计应遵循以下核心原则。

其一，确保刑事公诉的中心地位不受动摇，将两种附带民事诉讼整合为一个统一的民事诉讼流程。此合并过程不应削弱或干扰刑事公诉程序的正常进行。在刑事附带民事公益诉讼框架下，刑事公诉程序仍应依据《中华人民共和国刑事诉讼法》的规定独立推进，避免民事诉讼的合并审理成为刑事诉讼效率的阻碍。依据法律规定，刑事诉讼与其附带的民事部分应同步审理，而合并后的民事部分则整合为由附带民事公益诉讼与附带民事私益诉讼构成的普通共同诉讼单元，实现诉讼程序的整合优化，避免分别审理可能导致的程序冗余。

合并后的刑事附带民事公私益诉讼体系将维持其双轨制结构：一是刑事公诉板块；二是普通共同诉讼板块。后者涵盖了整合后的公益与私益保护诉求的民事诉讼。此结构不仅促进了诉讼效率的显著提升，也确保了公共利益与私人利益在司法程序中的和谐共存与均衡保护。

其二，鉴于附带民事公益诉讼与附带民事私益诉讼并存现状的复杂性，亟须构建完善的刑事附带民事公益诉讼程序合并机制，并付诸实施，以实现两类附带民事诉讼的合并审理。此合并应遵循普通共同诉讼的原则，旨在统一维护公益与私益的双重目标。附带民事公益诉讼合并审理的具体操作路径，如图5-1、图5-2所示。

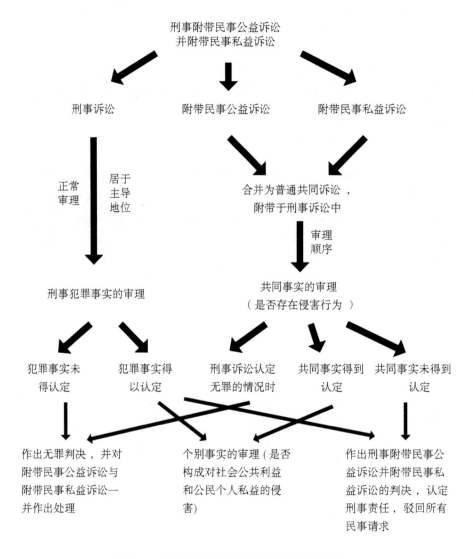

图 5-1　附带民事公私益诉讼合并审理流程 1

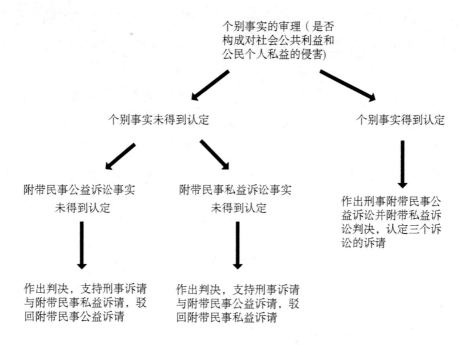

**图 5-2　附带民事公私益诉讼合并审理流程 2**

确保刑事公诉的核心地位不受影响，将附带民事公益诉讼与附带民事私益诉讼整合为一个连贯的民事诉讼审理流程。此整合过程不应削弱刑事公诉的主导功能，而应保持其独立性和完整性。在此架构下，刑事公诉依照既定程序推进，而民事诉讼程序则与之并行不悖，严格遵循《中华人民共和国刑事诉讼法》关于并行审理的法律规定。合并后，民事诉讼部分由附带民事公益诉讼与附带民事私益诉讼共同构成的普通共同诉讼单元承担，确保两者作为一个整体被统一处理，避免分散审理带来的效率损失。

合并后的普通共同诉讼应采取分阶段审理的模式。第一阶段聚焦于共同争点的审理，即所有诉讼参与方共同关心且对公益诉讼与私益诉讼均具证明价值的事实，如侵权行为的成立及其对公益与私益的损害情况。通过对共同争点的审理，确立案件的基本事实框架。随后，进入第二阶段，针对各具体诉讼请求所涉及的个别事实进行细致审理，这些事实仅对特定诉讼请求具有证明作用。

以环境污染案件为例，法院在审理过程中应首先确认被告是否存在环境污染行为，这是公益诉讼与私益诉讼均需认定的共通事实。在此基础上，再分别审理环境污染造成的具体损害，包括环境本身的损害及对个别居民健康权益的影响，这些则属于个别事实的范畴。在第二阶段，已确立的共同事实将作为审理个别事实的重要依据，据此进一步明确被告的具体法律责任，如生态修复义务及人身损害赔偿等。

# 第五节　公安侦查之民事保全

## 一、侦查阶段的民事保全困境

附带民事公益诉讼因其独特的阶段性特征与主体构成的多样性，使当前保全制度在实际应用中难以全面覆盖诉讼的各个阶段，进而引发了保全程序上的空白与不足。尤其是在刑事附带民事公益诉讼的流程中，公安侦查阶段作为前置环节，其特殊性尤为显著。刑事犯罪发生后，公安机关首要任务是开展侦查工作，搜集证据，详尽调查案件事实，待案件清晰、证据充分后，方可转交检察机关以启动后续的刑事附带民事公益诉讼程序。在此流程中，公安侦查阶段的民事保全措施面临以下困境。

其一，公安机关在侦查阶段的核心任务聚焦于刑事责任的探究与确立，其工作重心倾向于犯罪行为的调查与犯罪证据的收集，旨在构建完整的刑事责任链条。由犯罪行为所引发的民事责任问题，则通常留待检察机关在后续提起的附带民事公益诉讼中加以处理。侦查阶段所固定的证据大多围绕刑事责任的判定展开，鲜少触及民事责任领域，导致民事保全需求在侦查阶段被边缘化。

在财产处理方面，侦查机关采取的扣押、查封或冻结等措施，主要聚焦于涉案财产，如犯罪所得的赃款、赃物等，其目的在于防止犯罪收益流失，而非为民事诉讼中的财产保全做准备。对于与案件无直接关联的财产，侦查机关在刑事审判前往往无权采取保全措施，以预防未来可能的罚金支付问题。

鉴于侦查机关在侦查阶段的主要职责与法定权限，加之对民事责任考量的不足，其往往不会主动对与民事诉讼直接相关的财产或证据采取保全措施。这种现状不仅反映了侦查机关在民事保全意识上的欠缺，也凸显了其在法定权限上的局限性。在公安侦查阶段，关键证据与财产的流失风险增加，可能对后续民事赔偿的执行造成不利影响。

其二，司法机关在侦查阶段保全权限的制约。依据《最高人民法院 最高人民检察院关于检察公益诉讼案件适用法律若干问题的解释》第六条的规定，人民检察院在需要采取证据保全措施时，应遵循《中华人民共和国民事诉讼法》及《中华人民共和国行政诉讼法》的相关条款执行。深入分析《中华人民共和国民事诉讼法》第一百零条、第一百零一条，以及《最高人民法院关于适用〈中华人民共和国民事诉讼法〉的解释》第一百五十二条等条文，可提炼出以下核心要点：在刑事附带民事公益诉讼确立后，检察机关确实享有向人民法院申请保全的权利，同时人民法院也负有依法实施保全的职责。根据《中华人民共和国民事诉讼法》第一百零一条第一款关于诉前保全的特定要求，仅直接利害关系人方有权申请诉前保全。鉴于公益诉讼的特殊性，其缺乏明确的直接利害关系人，检察机关在此情境下申请诉前保全的正当性需进一步深入探讨与论证。

鉴于检察机关在公安侦查阶段通常不直接介入案件，对案件具体细节、证据收集状况及财产流向等信息掌握有限，这直接影响了其基于案件实际情况作出保全申请的决策能力。检察机关在此阶段面临身份适格性不足及信息掌握不全的双重挑战，进而在实际操作中面临保全申请的困境。

在公安侦查阶段，公安机关既无意愿也无权限主动申请保全；人民法院在诉前阶段同样无法自行启动保全程序；人民检察院因身份与信息双重障碍，难以有效申请保全。这一系列因素共同导致了侦查阶段保全程序的启动主体缺失，形成了保全措施实施的空白地带。

其三，对犯罪嫌疑人在侦查阶段潜在行为的剖析。随着刑事侦查程序的启动与深入，犯罪嫌疑人往往会意识到自身可能面临的刑事及附带民事公益诉讼的双重风险。尽管刑事证据可能已被固定，涉案财产也受到一定控制，但犯罪嫌疑人出于规避民事处罚与责任的目的，仍可能采取销毁与民事责任紧密相关的证据或转移可能用于民事赔偿及修复责任的财产等策略。此类行为在侦查阶段尤为显著，因为此阶段公安机关的工作重心在于刑事案件的调查，较少涉及民事诉讼事务，而司法机关也常因权限或时效性问题难以即时介入，从而形成了一个司法监管的空白时段。

在此背景下，若缺乏有效的保全措施，将极易导致关键证据的灭失与财产的非法转移，进而对后续的民事诉讼程序及赔偿执行造成不利影响。综合分析表明，公安侦查阶段成为财产与证据流失的高风险期，而现行制度在保全措施启动的及时性与有效性方面存在明显不足。鉴于此，亟须对刑事附带民事公益诉讼各阶段的保全机制进行完善与强化，以确保证据与财产的妥善保护，有效降低司法风险。

## 二、设立检察机关侦查阶段的申请保全程序

### （一）检察机关侦查阶段申请保全的合理性论证

鉴于前述分析，当前制度体系内，公安机关在侦查阶段并不具备申请民事保全的权限，人民法院也无权在诉前主动启动保全措施。在诉前阶段，检察机关作为潜在的保全申请主体，其角色显得尤为重要。基于此，本书提议优化公安侦查阶段的民事证据与财产保全机制，明确以人

民检察院为引领力量。检察机关在此阶段介入保全申请，也面临若干理论层面的挑战。

首先，诉前保全的申请人应为与案件有直接利害关系的主体。公益诉讼的独特性在于其缺乏传统意义上的直接利害关系人，这在一定程度上限制了检察机关作为保全申请人的法理基础。其次，检察机关的核心职能聚焦于审查起诉，而侦查职能则专属公安机关。检察机关的提前介入，是否会对公安机关的侦查工作造成不当干扰，成为另一待解之问。

尽管面临上述挑战，但笔者坚持认为，检察机关在公安侦查阶段依据案件进展适时申请保全，具有其内在的合理性。此举能够有效捍卫案件涉及的民事权益，防范因证据遗失或财产流转而导致的权益落空，尤其是在涉及社会公共利益的案件中，其重要性更是不言而喻。从制度完善的角度出发，建议赋予检察机关在必要情况下对民事证据与财产采取保全措施的权力，以此填补现有制度的空白，强化公益保护的实际效能。

1. 检察机关在申请保全的主体资格问题

依据《中华人民共和国民事诉讼法》第八十一条第二款及第一百零一条第一款的规定，我国民事诉前保全制度清晰界定了申请主体需为利害关系人，此设定在法律层面上为检察机关申请诉前保全设置了一定的界限。传统"利害关系人"概念，依据民事诉讼基本原理，通常指向在诉讼提起前即与案件实体存在直接利益关联的个体，包括实体权利义务主体、法定监护人及权益相关人等。此定义实为民事实体法原则在民事诉讼法领域的具体体现，系两者相互作用的产物。

在常规民事诉讼框架内，要求诉前保全申请人须与案件实体法律关系有直接利害关系，此点毋庸置疑。但附带民事公益诉讼作为特殊诉讼形态，其诉前保全制度中的"利害关系人"概念应作更为宽泛的理解。诉前保全制度的立法初衷，旨在防止证据毁损、财产流失，并保护利害关系人（即当事人）免受难以弥补之损害，此宗旨应作为诉前保全操作的核心指导。

诉前保全的实施应首要着眼于防范证据与财产之灭失，而申请主体的认定则需遵循法律逻辑。检察机关，作为社会公共利益的捍卫者，在附带民事公益诉讼的诉前阶段已实质承担起保护公益的职责，虽然尚未正式提起公益诉讼，但其对公益的维护行动已然启动。检察机关与公共利益的紧密联系，使其成为公益保护的主要责任主体与利益相关方，其申请保全不仅符合法律逻辑，而且能有效遏制证据与财产的流失，确保社会公益免遭侵害。检察机关作为申请保全的主体，其资格具有充分的合理性。若拘泥于"利害关系人"的狭义字面解释，恐有悖于立法初衷，体现出对法律精神理解的僵化与局限。

2.检察机关申请保全与公安侦查活动的独立性

需要明确的是，检察机关在侦查阶段提出保全申请，并非旨在监督或干预公安机关的侦查活动。此保全申请，本质上属民事诉前保全范畴，严格遵循《中华人民共和国民事诉讼法》及《最高人民法院 最高人民检察院关于检察公益诉讼案件适用法律若干问题的解释》等相关法律规定，其核心目的在于确保涉及民事财产与证据的安全，而非实施对刑事侦查活动的检察监督。鉴于公安机关在侦查阶段专注于刑事案件的调查，不涉及民事诉讼事务的处理，检察机关提出的民事保全申请，自然不会对刑事侦查的独立性与进程构成影响。两者所针对的对象及活动性质存在本质区别。

公安侦查活动系刑事诉讼的重要组成部分，而检察机关的保全申请则隶属于民事诉讼领域。两者作为独立的法律行为，各自运行，互不干扰，既无权力滥用之虞，也不损及程序独立性。可以断定，检察机关的保全申请系基于民事法律框架下的程序性行为，具备充分的独立性与自主性，不仅与现行法律规定相契合，更有助于提升法律实施的效率与公正性。

### （二）检察机关侦查阶段申请保全程序的构建策略

1.扩展公检间的信息共享渠道

在刑事诉讼流程中，公安机关与检察机关作为追诉犯罪的核心力量，共同构筑了诉讼的主导体系。公安机关专注于案件的侦查与证据的搜集，而检察机关则承担起对侦查活动的司法监督及审查起诉的职责。在诉讼启动之前，两机关已建立起紧密的合作关系，并形成了有效的信息交换渠道。这种合作传统上聚焦于刑事案件的处理，对侦查阶段民事信息的交流重视不足。

鉴于刑事附带民事公益诉讼中检察机关可能提出的附带民事公益诉讼，公安机关应主动承担起在侦查过程中收集并传递与民事案件相关信息的责任，特别是那些涉及保全决策的重要信息。作为侦查阶段的主导者，公安机关拥有案件的第一手资料与最新动态，往往能最先察觉民事证据毁损、财产转移或其他可能导致证据及财产难以获取的潜在风险。

公安机关需要转变思维，超越"刑事优先"的局限，深入调查并核实相关情况，确保将掌握的民事保全相关信息及时、全面地传达给检察机关。检察机关在接收到这些信息后，应迅速响应，对存在证据或财产灭失风险的情况进行审慎评估，并适时提出保全申请。此项策略旨在优化公检机关间的协作流程，为刑事附带民事公益诉讼的顺利推进奠定坚实的信息基础与法律保障。

2.授权检察机关在侦查阶段申请诉前保全

在充分论证检察机关于公安侦查阶段申请诉前保全的合理性之后，有必要构建相应的制度框架以提供支撑。在刑事诉讼立案侦查阶段，若检察机关在履行其常规法律监督职能过程中，发现犯罪嫌疑人存在故意销毁与民事案件相关证据或转移非涉案财产的行为，且此类行为极有可能严重阻碍未来附带民事公益诉讼的顺利进行，检察机关应被授予权力，基于已掌握的信息与数据，经过周密的分析与评估，直接向人民法院递交保全申请。

在侦查阶段遭遇紧急状况，即存在明显且紧迫的危险，可能对未来审判与执行造成不利影响时，检察机关应在深入调查相关事实并确认存在迫切风险的基础上，向人民法院提出诉前保全的申请。在此过程中，是否已掌握足够证据以支持检察机关正式提起附带民事公益诉讼，不应成为决定是否启动保全程序的先决条件。

侦查阶段设立诉前保全程序的法理依据，主要根植于两个核心考量：一是确保民事公益诉讼所保护的权益，不因刑事诉讼过程中的不当行为而遭受侵害；二是有效预防犯罪嫌疑人可能采取规避策略从而导致的证据损毁与财产损失，以此强化公共利益的法律保障，维护法律的权威性与严肃性。

其一，民事诉前保全的制度根基。检察机关于侦查阶段申请诉前保全的合理性，已深深植根于民事诉讼制度中。如前所述，此举不仅契合法律的基本原则，更应获得制度层面的明确认可与有力支持。它是对既有法律框架的合理延伸与必要补充。

其二，紧急情境下的现实依据。保全程序虽常被视为民事诉讼程序的一环，但其适用范围并非绝对受限于诉讼程序的存在。在潜在民事诉讼尚未正式启动，但已面临紧迫风险之际，诉前保全便成为保护利害关系人权益的重要手段。其核心价值在于应对紧急情况，防止因延误而给权益带来难以弥补的损害。只要存在紧急状况及潜在的权益受损风险，即可向人民法院提出诉前保全申请，此为诉前保全的现实基础所在。在面对紧急且迫切的需求时，保全申请的门槛可适当降低，以确保法律措施的及时性与有效性。即便检察机关在侦查阶段尚未明确是否将提起附带民事公益诉讼，只要满足保全申请的条件，就具备充分的现实基础来采取保全措施。

为检察机关在侦查阶段构建保全申请程序，不仅具有深厚的法理基础，也是基于现实需求的必要之举。通过建立健全、规范且合理的保全申请及审查制度，能够有效预防证据与财产的流失，保障审判及执行程序的顺畅进行，从而在刑事附带民事公益诉讼中，为公安侦查阶段填补保全措施的空白，强化法律保护的全面性与及时性。

## 第六节　诉讼约束条件

### 一、程序启动的限制性规定不足

刑事附带民事公益诉讼在程序启动层面面临限制性规定不足的问题，这在一定程度上为检察机关的制度性投机行为提供了空间。现行规则对于检察机关提起附带民事公益诉讼的条件设定较为笼统，缺乏具体而明确的标准，主要依赖于一般性要求的指引。加之司法实践中，起诉要件与诉讼要件的适用界限常被模糊处理，这无疑为附带民事公益诉讼的滥用埋下了隐患。在此情境下，检察机关往往仅需满足刑事诉讼的提起条件，即可依其自主判断决定是否同步启动民事公益诉讼，这无疑削弱了制度的约束性。诉前公告规则在附带民事公益诉讼领域的缺失，进一步加剧了检察机关在此类诉讼启动上的自由裁量权，缺乏必要的外部监督与制衡。虽然附带民事公益诉讼程序的便捷性旨在提升司法效率、节约资源，但若缺乏有效约束，也可能诱发检察机关对制度的滥用，追求程序上的简便而忽视其实质正义的追求。

### 二、优化附带民事公益诉讼启动的约束机制

现有制度体系中，诉前程序已初步展现出对检察机关滥用公益诉权的抑制作用，补位原则的适用更是有效遏制了公益诉讼的随意提起，为

程序正当性提供了保障。起诉要件的严格审查及相关机关对检察机关司法行为的监督，也在一定程度上限制了附带民事公益诉讼的随意启动。面对实践中的复杂情况，这些机制的效能尚显不足，亟须进一步强化其实效性。

在现有制约机制的基础上，应针对性地引入并强化特定限制程序，以构建更为严密的附带民事公益诉讼启动约束体系。这既是对当前制度缺陷的积极回应，也是推动刑事附带民事公益诉讼制度持续健康发展的必然要求。鉴于该领域仍处于不断探索与完善之中，本书尝试提出若干可行性建议，以期为制度完善提供有益参考。

### （一）强化诉讼要件的明确性

为确保刑事附带民事公益诉讼的正当性，避免检察机关的随意提起，强化诉讼要件的明确性显得尤为重要。在此过程中，诉前审查程序的有效运用成为关键一环，其旨在合理限制制度投机行为。针对我国现行的起诉要件审查制度，需从双重维度进行深入理解：我国受理制度的一个显著特征在于将实体判决要件或诉讼要件的审查前置于起诉受理阶段，实施单方面审查机制。《中华人民共和国民事诉讼法》第一百一十九条及第一百二十四条明确规定了诉讼要件的内容，人民法院在案件受理之初即需对此类要件进行评估，确保案件符合法定受理条件。我国采取立案登记制作为立案模式，其目的在于缓解起诉难问题，保障当事人的诉权。近年来，学界广泛呼吁将诉讼要件从起诉条件中剥离，以降低起诉门槛，推动立案登记制下的起诉受理制度改革。这一改革的核心目的在于明确区分"诉讼成立条件"（作为当事人起诉的初步门槛）与"诉讼要件"（作为法院审理案件的前提），并在不同程序阶段分别进行审查和审理。

尽管当前立案登记制度的实施效果尚未全面显现，起诉条件的审查仍在一定程度上涵盖了诉讼要件的内容，但改革的大方向已清晰可见。在构建相关制度时，不宜通过加强起诉要件审查来限制附带民事公益诉讼的制度投机，以免抑制诉权，违背司法改革的精神，甚至可能加剧起诉难的问题，影响司法效率和公正。

制度设计应兼顾现有法律框架与未来发展趋势，确保在现行民事诉讼体系下，法院在起诉审查阶段能够充分关注诉讼要件。当发现检察机关提起的附带民事公益诉讼不符合诉讼要件时，法院应避免直接作出不予受理的决定，而应行使释明权，明确指出不符合的具体诉讼要件，并建议检察机关主动撤回起诉或修正起诉书中的不足。鉴于附带民事公益诉讼的公共利益属性，法院在行使释明权时应提供具体、明确的指导，引导问题的解决方向。此举不仅能有效遏制附带民事公益诉讼的随意提起，还能在维护检察机关诉权的同时与立案登记制改革的总体方向保持高度一致。

### （二）扩大社会公示制度的适用

随着裁判文书网上公示机制的深入实施，诉讼程序的透明度显著提升，为司法公正树立了新的标杆。鉴于刑事附带民事公益诉讼与社会公众福祉紧密相连的特性，检察机关应积极探索并扩大社会公示制度的应用范畴。在确保符合保密规定的前提下，应当及时、准确地向社会公众披露附带民事公益诉讼案件的处理进展与结果，特别是案件的提起缘由、撤诉依据、和解与调解的具体成果等关键信息，应作为公示的核心内容加以突出。

有效的社会公示机制不仅能够强化社会对司法活动的监督力度，促进检察机关在行使职权时的审慎与公正，还能广泛传播保护社会公共利益的成功案例，激发公民的公益意识，从而激发社会各界参与公共利益维护的积极性与创造力，共同构建一个覆盖广泛、深入人心的公益保护网络。

构建综合监督体系，包括人大监督、监察监督以及舆论监督等多元监督机制的协同作用，也是遏制附带民事公益诉讼随意启动、保障制度健康运行的重要手段。刑事附带民事公益诉讼作为一项集中体现司法效率与公益保护优势的制度，其适用应秉持宽严相济的原则，通过持续的实践探索和理论深化，逐步完善全方位、多层次的启动约束机制，以确保该制度在维护社会公共利益方面发挥最大效能。

# 第六章　刑事附带民事公益诉讼运行层面解析

## 第一节　检察机关的作用和地位

### 一、诉讼中称谓的不统一性

在司法诉讼的语境下，检察机关的称谓直接映射其在程序架构中的位置与角色。研究表明，在刑事附带民事公益诉讼领域内，检察机关的称谓现竟多达 14 种变异形态，此等称谓的多样性与复杂性深刻揭示了司法实践中的若干症结：各司法机关对人民检察院在程序中的角色定位认知不一，对"公益诉讼人"这一法律概念的理解尚显浅薄，且对刑事诉讼与附带民事公益诉讼之间错综复杂关系的把握尚欠精准，进而对附带民事公益诉讼所涵盖的客观范畴及其程序价值的认识也呈现出某种程度的模糊状态。鉴于此，深入分析此类称谓繁多的成因，以及司法机关在命名过程中所持的思维模式与心理状态，显得尤为重要。

通过对既有称谓的系统梳理，可将其归纳为以下六大核心类别：一是"公诉机关";二是"公诉机关暨附带民事公益诉讼人（起诉人）";三是"公诉机关暨刑事附带民事公益诉讼人（起诉人）";四是"公诉机关暨公益诉讼人（起诉人）";五是"公诉机关暨附带民事公益诉讼原告人"（含"公诉机关暨刑事附带民事诉讼原告人""公诉机关暨附带民事诉讼原告人"）;六是"刑事附带民事公益诉讼起诉人"。至于另外三种将称谓拆分的情形，其中"公诉机关/附带民事原告暨公益诉讼人"因存在显著的法律逻辑瑕疵，被视为特殊个案，故不在此深入探讨。而"公诉机关/公益诉讼起诉人"与"公诉机关/公益诉讼机关"在实质意义上高度重合，故可一并归入"公诉机关暨刑事附带民事公益诉讼人（起诉人）"类别，无须另行分类讨论。

对称谓的细致分类与整合，旨在清晰界定检察机关在不同诉讼模式下的具体职能与法律身份，进而为法律文书用语的标准化奠定坚实基础，以期提升司法文书的规范性与统一性，促进司法实践的严谨性与效率。

### （一）"公诉机关"称谓的分析

在对刑事附带民事公益诉讼案例进行系统性收集与分析的过程中，将检察机关称为"公诉机关"的情况占据了显著比例，具体达 21.8%。这一普遍性称谓的背后，深刻反映了刑事附带民事公益诉讼的特有诉讼性质，即刑事诉讼在该类诉讼中占据主导地位，而附带民事公益诉讼则呈现出一定的依附性，常处于辅助或次要的地位。从诉讼流程的各个环节，包括调查取证、案件审理直至判决的形成，刑事诉讼的作用均显得尤为突出。基于案件的具体情境，附带民事公益诉讼的程序推进往往受到刑事诉讼的深刻制约与影响，这种影响体现在程序地位、诉讼影响力以及司法人员的认知理念等多个层面，均与刑事诉讼存在显著差异。

司法实践中长期根植的"刑主民辅"与"先刑后民"的法治思维模式，以及传统上"重刑轻民"的观念倾向，共同构成了对民事诉讼程序普遍忽视的社会心理基础。多数审理刑事附带民事公益诉讼的法官具备刑事法庭的深厚背景，其专业思维与审判经验自然倾向于刑事诉讼领域，而对于民事诉讼的基本原理则可能相对陌生。在此情境下，附带民事公益诉讼的独立价值在司法审判实践中难以得到有效彰显与维护。

进一步而言，人民检察院作为法律监督机关，其核心职能聚焦于提起公诉与追究刑事责任。长期的司法实践已使检察机关在各类诉讼中的角色定位趋于固化，常被外界视为"万能公诉机关"。即便在非刑事诉讼的场合，检察机关也常被不自觉地视为执行法律监督职责的"公诉人"形象。这一社会认知的惯性，无疑促进了"公诉机关"这一称谓在刑事附带民事公益诉讼中的广泛应用与固化。

**（二）"公诉机关暨附带民事公益诉讼人（起诉人）"称谓的分析**

在细致审视刑事附带民事公益诉讼中的各类称谓时，"公诉机关暨附带民事公益诉讼人（起诉人）"这一称谓占据了相当大的比例，这一现象彰显了该称谓在法律界内的广泛认可与接受。此称谓在语义层面上巧妙地平衡了对刑事与民事程序同等重要的考量，精准地刻画了检察机关在双重程序中所扮演的综合角色。尤为重要的是，随着检察公益诉讼制度的不断推广与深化，该称谓更是恰如其分地契合了制度设计的初衷，明确且有力地传达了检察机关在公益诉讼中作为"公益诉讼人"的法定地位。

"公益诉讼人"作为法律术语，其内涵清晰且独立，特指检察机关在公益诉讼这一特定法律框架下的身份与职责，该地位在《最高人民法院 最高人民检察院关于检察公益诉讼案件适用法律若干问题的解释》中得到了明确界定，赋予了检察机关相应的诉讼权利与义务。最高人民法院副院长江必新先生在其对公益诉讼人称谓的深入剖析中，强调了该称谓的完整性与专属性，指出其应作为一个独立且不可替代的法律概念存在。将"公益诉讼人"与"附带民事公益诉讼人（起诉人）"相结合，不仅在法理逻辑上显得尤为合理，而且在制度实践层面亦显得尤为恰当。

通过运用"暨"字这一连接词，将"公诉机关"与"附带民事公益诉讼人（起诉人）"两个概念巧妙融合，这一称谓结构既凸显了检察机关在刑事诉讼中的核心领导作用，又强调了其在附带民事公益诉讼中所承担的责任与享有的权利，实现了对刑事与民事两大法律领域功能的有效平衡。此称谓的精心设计，不仅体现了司法机关在处理复杂诉讼案件时的深思熟虑与周全考量，更彰显了其对法律地位精准把握的能力以及对法律语言规范运用的追求，旨在确保刑事诉讼与附带民事公益诉讼均能得到应有的重视与妥善处理。

**（三）"公诉机关暨刑事附带民事公益诉讼人（起诉人）"称谓的法律含义解析**

此称谓在概念架构上与"公诉机关暨附带民事公益诉讼人（起诉人）"有所相似，却独辟蹊径地展现了对"刑事附带民事公益诉讼"这一法律范畴的深刻且独特理解。通过在称谓中嵌入"刑事"二字，司法机关明确地将"刑事附带民事公益诉讼"界定为一个具有专门属性的概念范畴，特指由检察机关在刑事诉讼过程中附带提起的民事公益诉讼部分，而非将刑事诉讼本身纳入其范畴之内。这一表达方式，深刻揭示了司法实践中对"刑事附带"概念所秉持的清晰界定与对其在附带民事公益诉讼中特殊性的强调。

此称谓的广泛运用，实则是对长期以来形成的关于刑事附带民事诉讼语言习惯与概念认知的延续与深化。在法律实践与公众认知中，提及刑事附带民事诉讼时，人们的关注点往往自然而然地聚焦于"附带民事诉讼"这一部分，因其程序特性的显著性与附带型诉讼核心地位的凸显。在语言表达层面，"刑事"二字往往被视为一种前置条件或背景设定，而非论述的焦点所在。这一表述习惯历经时间的沉淀，已逐渐固化为一种普遍接受的法律语言模式。此种固化的思维模式也在一定程度上影响了对"刑事附带民事公益诉讼"称谓的精准把握，使其有被简化为"附带民事公益诉讼"的趋势。

### （四）"公诉机关暨公益诉讼人（起诉人）"的称谓解析

此类称谓中"附带"二字的省略，实则是对刑事诉讼中"公诉机关"身份与民事公益诉讼中"公益诉讼人（起诉人）"角色的直接且简洁的结合。此种表达方式背后，或折射出部分司法机关在面对刑事附带民事公益诉讼这一新兴制度时所表现出的适应性挑战，可能隐含着对该制度功能认知深度不足的问题。省略"附带"一词，虽然在形式上实现了语言的简化，但也可能削弱了对于刑事诉讼与附带民事公益诉讼之间复杂关系的明确界定，进而影响对制度全貌的准确把握。此种表述方式，在一定程度上揭示了司法机关在制度实施初期可能存在的理解与应用上的局限性，提示需要通过加强法律教育与实践指导，不断深化对刑事附带民事公益诉讼制度的全面理解与深入把握。

### （五）"公诉机关暨附带民事公益诉讼原告人"（原告人类称谓）的使用背景分析

此类称谓的兴起，根源可追溯至对刑事附带民事公益诉讼范畴理解上的模糊地带。一方面，部分检察机关在处理此类案件时，倾向于将刑事附带民事公益诉讼等同于传统的刑事附带民事诉讼，从而忽视了两者间存在的本质区别。这一认知偏差直接导致了《最高人民法院关于适用〈中华人民共和国刑事诉讼法〉的解释》中关于刑事附带民事诉讼的条款被不恰当地套用于附带民事公益诉讼之中。另一方面，对"公益诉讼人"这一新兴法律地位的认知不足，也是促成该称谓被广泛采用的关键因素。"公益诉讼人"作为检察公益诉讼制度构建过程中的新兴概念，其诉讼地位、具体操作程序等层面，在学术界与实务界均引发了广泛的探讨与争议，尚未形成统一且明确的认识。

2016年最高人民检察院举办专题研讨会，汇聚了众多相关部门及专家学者，针对检察机关在公益诉讼中的诉讼地位及程序问题展开了深入讨论。这一研讨会从侧面反映出，"公益诉讼人"这一法律概念在法律理论与司法实践层面尚未达成普遍共识，其社会接受度尚待提升。尽管检察公益诉讼制度已历经多年实践探索，但由于案件数量积累有限且分布不均，许多司法机关因缺乏充足的实践经验与案例支撑，难以全面而准确地把握"公益诉讼人"概念的内涵与外延。在应对刑事附带民事公益诉讼等复杂案件时，这种认知上的不足与不确定性可能促使司法机关倾向于采用更为传统且熟悉的"民事原告人"称谓，以规避对新概念应用可能带来的风险与不确定性。

### （六）"刑事附带民事公益诉讼起诉人"：概念与应用

尽管此类称谓在司法实践中的出现频率极低，只有一次记录，但其却蕴含丰富的理论探讨与实务应用价值。其罕见使用，或可归因于该称谓过分凸显了检察机关在附带民事公益诉讼中的独特地位，而相对忽视了其在刑事诉讼中的核心职能，这与长期以来"刑主民辅"的传统诉讼模式形成了鲜明对比，从而难以获得广泛认同。

"刑事附带民事公益诉讼起诉人"这一称谓，在概念构建上巧妙地融合了刑事与民事两大诉讼领域的特性，旨在实现两者之间的微妙平衡。从语义结构分析，该称谓可拆解为"刑事诉讼起诉人"与"附带民事公益诉讼起诉人"两个组成部分，这一设计精准地映射了检察机关在双重诉讼程序中所扮演的双重角色。此类称谓在追求全面反映检察机关职能时也面临着法律依据与逻辑结构上的挑战。将民事诉讼中的"诉讼起诉人"概念直接引入刑事诉讼领域，从法理逻辑的角度审视，可能引发程序原理之间的潜在冲突，揭示了在诉讼称谓创新过程中，如何妥善解决不同诉讼制度间差异与融合的法律难题。

## 二、优化统一称谓："公诉机关暨附带民事公益诉讼起诉人"

鉴于当前司法实践中检察机关在刑事附带民事公益诉讼中称谓使用的冗余与不统一现状，本书提出将检察机关在此类诉讼中的称谓统一为

"公诉机关暨附带民事公益诉讼起诉人"。此提议基于以下四个方面的深思熟虑。

其一，此称谓全面体现了刑事与民事两大诉讼程序的协同并进。在刑事附带民事公益诉讼的框架内，尽管刑事程序占据主导地位，但民事公益诉讼的独立价值与重要性也不容忽视。该称谓通过明确标注检察机关在两类诉讼中的双重职能与地位，有效避免了对任一方面的偏颇，确保了两者之间的均衡考量。

其二，此称谓方式精准地平衡了检察机关在刑事诉讼中的公诉职能与其在民事公益诉讼中的积极参与。其中，"公诉机关"一词赋予了检察机关在刑事诉讼中法律授权的正当性，而"附带民事公益诉讼起诉人"则明确了其在民事公益诉讼中的主导角色，两者相辅相成，共同构成了检察机关在此类诉讼中的完整职能图谱。

其三，该称谓有效避免了将检察机关角色单纯限定为法律监督者的狭隘理解，转而强调了其作为公益诉讼积极参与者的实际功能与价值。这一转变不仅有助于纠正可能存在的职能错位现象，还促进了检察机关在公益诉讼领域作用的充分发挥。

其四，从称谓格式上看，"公诉机关暨附带民事公益诉讼起诉人"既凸显了刑事诉讼的优先地位，又紧密连接了附带的民事公益诉讼部分，展现了两者之间的内在联系与逻辑顺序。这种称谓方式还更为精准地传达了检察机关在诉讼全过程中的复合职能，确保了刑事与民事公益两方面均能得到充分的重视与妥善处理。

为促进诉讼实践的规范化与统一性，本书进一步建议，在刑事附带民事公益诉讼的语境下，将检察机关的统一称谓确立为"公诉机关暨附带民事公益诉讼起诉人"。此举旨在明确检察机关在刑事诉讼中的公诉职能与其在附带民事公益诉讼中的起诉角色，确保法律术语的严谨性与司法实践的一致性。

## 第二节　刑事附带民事公益诉讼的民事责任承担

### 一、责任方式的适用与管理的缺陷

#### （一）惩罚性赔偿适用标准的非统一性

1. 惩罚性赔偿适用非统一性的潜在风险

在民事诉讼体系中，赔偿损失作为核心的责任承担形式，其核心构成包括补偿性赔偿与惩罚性赔偿。补偿性赔偿旨在精准填补受害者的实际损害，确保赔偿数额与实际损失相当，既不过度又不欠缺。相反，惩罚性赔偿则突破了实际损失的限制，其金额往往大幅超出实际损害，旨在通过经济制裁强化对侵权行为的惩戒效果。

通过对判决案例的深入研究，发现存在判决结果对惩罚性赔偿适用不一的现象。部分判决明确对被告实施了惩罚性赔偿，赔偿金额显著超出侵权行为造成的直接损失，并明确标注其惩罚性质，且赔偿金归入国库。多数判决则倾向于仅就社会公共利益受损情况进行补偿性赔偿，未充分体现对侵权行为的惩罚意图。这种司法实践中对惩罚性赔偿态度的差异性，不仅削弱了司法判决的连贯性与权威性，还可能对被告的合法权益造成不当侵害。

惩罚性赔偿与补偿性赔偿在金额上的差异尤为显著。以《中华人民共和国消费者权益保护法》第五十五条为例，该条款规定在经营者存在欺诈行为时，消费者有权要求获得商品价款或服务费用三倍的赔偿，凸显了惩罚性赔偿的严厉性。这种差异巨大的责任承担方式若未能统一适用标准，可能导致"同案异判"的司法不公现象，影响公众对司法公正的信任。惩罚性赔偿的适用还直接关系社会公共利益保护的强度，若法院在判定惩罚性赔偿时虽具合理性却未能有效实施，将可能削弱对公共利益受损情况的救济力度，从而偏离民事公益诉讼的初衷与目的。

2.惩罚性赔偿适用不统一的原因分析

在附带民事公益诉讼的实践中，惩罚性赔偿适用标准的不一致性主要归因于两大层面的制度性缺陷。

首先，制度设计上的不足是造成惩罚性赔偿适用混乱的核心因素。当前，检察机关在民事公益诉讼中可提出的诉讼请求范围，依据现行规则，主要涵盖"停止侵害、排除妨碍、消除危险、恢复原状、赔偿损失、赔礼道歉"等，这些诉求多侧重于补偿性赔偿的实现。而惩罚性赔偿的适用则需严格依据特定法律的明确规定，但当前的民事公益诉讼规则体系中，并未明确赋予检察机关提起惩罚性赔偿请求的法定权限。这一制度空白导致在司法实践中，多数法院倾向于从常规民事诉讼的视角出发，仅判决被告人对实际损失进行补偿，而未能充分考量惩罚性赔偿的适用。

其次，民事法律体系中虽已存在《中华人民共和国消费者权益保护法》《中华人民共和国食品安全法》及《中华人民共和国民法典》侵权责任编等允许原告提起惩罚性赔偿的条款，如《中华人民共和国消费者权益保护法》针对经营者欺诈行为所规定的三倍赔偿制度，但这些法律与民事公益诉讼规则之间却存在明显的衔接不畅与冲突，给惩罚性赔偿的实际应用带来了困扰。部分法院在面临具体案件时，若被告行为符合惩罚性赔偿的法定条件，则依据相关法律条款作出了加重处罚的判决。从法理层面分析，惩罚性赔偿作为对侵害公共利益行为的严厉制裁手段，其在附带民事公益诉讼中的适用具有坚实的理论基础。规则体系的不明确性以及法律条文间的相互抵触，共同构成了惩罚性赔偿在适用上非统一性的关键症结。

司法机关在裁定惩罚性赔偿时，需全面权衡被告人的执行能力与案件具体情境。除却制度层面的挑战外，司法实践中个案的差异性亦对惩罚性赔偿的适用产生显著影响。这一考量过程涉及两大维度。

其一，对被告人执行能力进行细致评估。附带民事公益诉讼作为以社会公共利益为核心诉讼标的的特殊诉讼形式，其利益范畴远超传统的民事私益诉讼。在后者中，原告多为个人或法人，赔偿对象明确且具体，即便包含惩罚性赔偿，其数额亦相对有限。在附带民事公益诉讼中，由于涉及不特定多数人的利益，往往造成较大规模的损害。若轻率地判决高额惩罚性赔偿，可能超出被告人的实际支付能力，导致判决难以执行，进而引发司法困境与社会问题。实际案例显示，国内民事公益诉讼中不乏被告人获利微薄而需承担巨额赔偿的情形，例如某案中被告人仅因销售一头牛而获利，但需承担的补偿性赔偿已相当可观。在此情况下，若再施加惩罚性赔偿，无疑将严重超出其经济承受能力，削弱判决的可执行性，最终损害司法公信力。

其二，考量案件的具体情况及刑事附带民事公益诉讼的特有属性。在此类诉讼中，法院首先需对被告人的刑事责任进行审理与判定。随后，在确认刑事责任的基础上，进一步处理其民事责任。鉴于刑事责任的法律后果最为严厉，法院在量刑时会力求实现刑事与民事责任之间的平衡，确保责任分配与侵害行为的性质及严重程度相称。法院还需关注责任裁量的适度性，避免过度苛责。特别是在被告人具有自首、认罪认罚等积极情节时，刑事责任的判定可能在一定程度上减轻其在民事赔偿方面的责任负担。在已对被告人判处罚金的案例中，若再附加惩罚性赔偿，可能导致其经济状况急剧恶化。法院在决定是否适用惩罚性赔偿时，必须全面审视案件的具体情况，包括被告人的经济状况、认罪态度及已受刑罚等因素，在适用标准上存在一定的灵活性与差异性。

**（二）赔偿金（补偿金）的管理不统一**

1.赔偿金（补偿金）管理不统一的表现

在附带民事公益诉讼的司法实践中，判决被告人承担损害赔偿金或公益恢复补偿金作为核心责任形式，与赔偿损失的诉求紧密相连。赔（补）偿金的管理与运用却呈现出显著的差异性与不合理之处。根据所收集的司法判决案例，普遍现象是人民法院倾向于将赔（补）偿金直接上缴国库，由国家财政管理机构统一调配；另有情形则是由环境保护或消费者权益保护等行政机关负责保管，并专项用于社会公益的修复工作。这种多元化的处理方式，不仅难以确保赔（补）偿金的有效与合理应用，且直接上缴国库的做法也存在明显的不合理性。

其一，附带民事公益诉讼中的赔（补）偿金，其性质非属一般财政收入，不等同于法院判处的罚金或罚款，应视为针对受损社会公共利益进行修复与补偿的专项基金。赔（补）偿金的核心价值在于促进社会公益的恢复与救济，而非单纯对被告人实施惩罚，其管理与使用模式理应与罚金、罚款相区分。理论上，赔（补）偿金应遵循专款专用的原则，即上缴后应直接且专门用于修复本案所涉社会公益的受损部分，而非作为财政收入纳入国库，再经由财政支出体系转用于其他非直接相关的领域。

其二，赔（补）偿金一旦上缴国库，其管理权即转归国库所有。当需动用此笔资金进行社会公益修复时，申请流程往往不直接由上缴赔（补）偿金的法院发起，而是由负责社会公益保护的相关行政机关向财政管理机构提出划拨申请。例如，在环境污染类附带民事公益诉讼结案后，若法院判决支付赔（补）偿金并上缴国库，具体修复工作通常由环保部门承担，此时环保部门需向财政部门申请资金划拨。此过程不仅烦琐，而且耗时，可能延误社会公益的及时救济，甚至因时间拖延而加剧损害程度。

其三，行政部门在资金管理过程中面临的"权责分离"现象，即"未直接掌握资金却需承担修复责任"，可能严重削弱其维护社会公共利益的积极性，导致在履行职责时产生抵触情绪或懈怠行为。加之财政审批流程的复杂性，资金到位往往不够及时，致使案件虽已审结，但受损的

127

社会公共利益难以迅速得到恢复，从而影响了诉讼目的的有效实现。

2.赔偿金（补偿金）管理不统一的原因分析

赔（补）偿金在管理与应用层面存在的问题，其深层次原因可归结为两大方面。

其一，当前民事公益诉讼领域的法律法规体系尚未对赔（补）偿金的管理机制进行详尽且明确的规范。附带民事公益诉讼相较于一般民事诉讼，其特殊性在于原告主体多为检察机关，而非直接受害的个人，所涉利益广泛覆盖社会公共利益，缺乏直接的利害关系人界定。在赔偿金的归属与管理上，国家常被视作合理的接收主体，进而促使国库成为赔（补）偿金的主要管理渠道。这种安排虽有其合理性，却也在一定程度上忽视了附带民事公益诉讼的特定需求与社会公益修复的直接性。

其二，部分司法工作者对于公益赔（补）偿金性质的认知存在偏差，倾向于将其视为对公益侵害行为的惩罚手段，而非专门用于修复受损社会公益的专项基金。在此观念下，国家作为象征性的"受害者"，自然成为接收赔偿的当然主体。鉴于国家财政管理的严格性与制度性要求，在缺乏明确制度依据的情况下，相关机关难以自主决定赔（补）偿金的支配与使用，进而加剧了赔（补）偿金上缴国库成为普遍做法的趋势。尽管此做法符合当前财政管理的规范框架，却未能充分考量赔（补）偿金在促进社会公益恢复方面的独特价值与紧迫需求。

### （三）对怠于履行责任的制约力度不够

相较于支付赔偿金等具备直接强制执行力的责任承担方式，针对被告人恢复社会公益原状及赔礼道歉的判决，其执行过程缺乏有效的督促与制约机制。此类判决所涉义务的特性，使人民法院在被告人怠于履行时面临执行难题。即便采取强制执行手段，也难以确保执行效果符合预期，从而导致判决执行不力，社会公共利益无法得到及时且充分的救济。

监督机关与执行机关之间的职责划分明确但协调不足，也对怠于履行责任的行为构成了制约障碍。人民法院通常指定专门的监督机构，如环保局、林业和草原局等行政部门，负责核查被告人履行恢复社会公益义务的情况。这些监督机构虽具备检查核验的职能，却缺乏直接采取强制措施的权力。一旦被告人未能积极履行义务，监督机构往往只能被动地记录并向人民法院报告，无法主动实施督促或强制手段。此情况下，人民法院的再次介入成为必要，但这一过程不仅耗时较长，而且因缺乏相关领域的专业知识，如验收标准的具体把握，可能导致强制执行工作面临诸多挑战与限制。

在被告人部分或不完全履行义务的情形下，问题更为凸显。即便被告人已采取一定措施尝试恢复社会公益原状，若监督机构认为其履行未达标准，将向人民法院报告并要求继续执行直至达标。若被告人持续未能充分履行责任，监督机构所能采取的进一步行动仍仅限于报告，缺乏直接有效的制约手段。加之人民法院可能因各种因素未能及时启动执行程序，监督机构又受限于自身权限，共同导致了责任履行的长期拖延。这种"判而未行"的状态，不仅延长了社会公益受损的救济期，还可能因时间的推移而加剧损害的严重程度。

被告人义务未履行的补救机制不足。在附带民事公益诉讼框架下，恢复原状与赔礼道歉作为责任承担方式，均高度依赖被告人的主动配合与积极参与。当被告人违背判决，未能履行上述义务时，当前司法实践中尚缺乏有效且充分的补救与保障措施以实现救济，且强制执行此类判决面临重重困难，执行效果也难以预测。

以恢复原状为例，如判决要求被告人补种树木以修复生态，若被告人未能在判决生效后积极履行此责任，执行机关往往难以直接通过强制手段实现植树目标。在实践中，常需借助第三方个人或组织代为完成植树任务，并由被执行人承担相应费用。此过程不仅耗时较长，还可能因程序烦琐而延误公益的及时恢复。

至于赔礼道歉，尽管执行机关有权采取在媒体上强制发布道歉信息的方式执行判决，但赔礼道歉作为责任形式，其核心目的在于促使侵权者深刻认识错误并真诚表达悔意，进而实现教育公众与弘扬法治精神的效果。若仅依赖法院的强制发布手段，可能难以触及制度设计的初衷，反而使赔礼道歉成为形式上的履行，难以激发侵权者的内在反省与社会的广泛共鸣，从而削弱了其应有的实际效果。

## 二、丰富责任类型并优化管理模式

### （一）允许适用惩罚性赔偿

鉴于当前惩罚性赔偿在司法实践中应用的不统一现状，建议通过发布司法解释的形式，正式纳入惩罚性赔偿作为诉讼请求的选项，特别是在那些严重侵害社会公共利益的消费类民事公益诉讼案件中，明确赋予人民法院判处惩罚性赔偿的权力。此举旨在从制度层面强化审判机关在附带民事公益诉讼中运用惩罚性赔偿的合法性与有效性，以更有效地实现对社会公共利益的救济。在现阶段，惩罚性赔偿的适用范围应审慎界定，仅限于涉及消费者权益受损的民事公益诉讼，避免其过度扩张至所有民事公益诉讼领域。此限定措施主要基于以下三个方面的考量。

1.消费类公益诉讼责任形式单一且震慑力不足

根据既往附带民事公益诉讼责任方式的数据分析，人民法院在处理涉及消费者权益的 26 份刑事附带民事公益诉讼判决中，普遍采用了赔礼道歉作为责任承担方式。这一现象揭示了消费类公益诉讼在责任形式上的单一性以及由此导致的诉讼效果有限性。进一步观察发现，相较于环境公益诉讼，消费类公益诉讼在民事责任部分的制裁力度明显偏弱。尽管部分判决结合了赔礼道歉与收回问题产品以消除危险、支付赔偿金等多种责任方式，但支付赔偿金的案例数量仍显不足，且收回问题产品的措施主要聚焦于即时消除已存危险，缺乏更深入的惩罚与预防措施。

消费类民事公益诉讼责任方式单一性与低效性的根源探析：

　　其一，消费类民事公益诉讼中缺乏具体明确的诉讼相对人，受害者群体广泛且不特定，这直接导致了赔偿对象难以界定。赔（补）偿金这一责任方式在消费类公益诉讼中的应用相对稀缺。即便采用，也往往是通过向特定公益基金组织支付赔偿金的形式进行，由该组织统筹管理。这种处理方式使赔偿金的使用不再局限于单一案件，而是广泛覆盖至该组织管辖下的所有公益损害，这与环境民事公益诉讼中赔（补）偿金专款专用的做法形成鲜明对比，从而削弱了消费类公益诉讼中损害赔偿的紧迫性与针对性。

　　其二，除赔偿损失适用率低下外，消费类民事公益诉讼中恢复原状、消除危险等责任方式的运用亦显不足，且其实际效果极为有限。在食品药品领域，侵权行为多聚焦于产品责任，无论是虚假宣传还是产品质量问题，其损害后果往往都具有即时性与不可逆性。这类损害特性决定了通过具体补救措施恢复生态原状的可能性极低。例如，在产品欺诈案件中，不合格产品已对广泛人群的人身与财产造成侵害，责任人难以通过自身行为实现原状恢复，特别是在人身损害方面。尽管司法实践中偶有法院判处消除危险的责任方式，如要求被告人回收流通中的不合格产品，但鉴于市场流通的广泛性与快速性，此类措施的执行难度极大，且仅能针对尚在流通环节的产品，对于已造成的损害则无能为力。此类责任方式在实际应用中多局限于产品数量有限、流通范围狭窄的特定案例。

　　2. 惩罚性赔偿的稳定制度基础

　　惩罚性赔偿，作为民事责任体系中一种独特的损害赔偿形式，依据当前法律框架，主要被设计为适用于消费领域内产品销售与服务提供行为的规制工具。《中华人民共和国消费者权益保护法》及《中华人民共和国民法典》侵权责任编均对此作出了明确界定。在消费类附带民事公益诉讼的语境下，尽管此类诉讼归属于公益诉讼的范畴，但其核心关注点仍聚焦于消费者权益受损的问题。在追究侵权行为人民事责任的过程中，完全有法律依据适用惩罚性赔偿机制。鉴于公益诉讼旨在维护社会公共利益，而案件实质往往涉及对消费者个体权益的侵害，如产品生产者及销售者存在欺诈行为或明知产品缺陷仍予生产销售，并导致严重后果，此类行为无疑契合了惩罚性赔偿的构成要件，人民法院应依法予以适用。

鉴于消费领域的侵权行为普遍满足惩罚性赔偿的适用条件，故该赔偿机制应主要聚焦于食品药品等关键领域，针对侵害众多消费者权益的附带民事公益诉讼案件，而非环境类公益诉讼的责任承担方式。基于上述考量，建议在消费类附带民事公益诉讼中广泛推广惩罚性赔偿的应用范围，从而为人民法院根据案件具体情况、违法行为的恶劣程度及损害后果等因素，灵活且有力地作出惩罚性赔偿判决奠定坚实的制度基础与实践依据。

### 3. 惩罚性赔偿的公益补救功能

相较于旨在填平损害的补偿性赔偿，惩罚性赔偿则具有更显著的公益性特质。其核心功能不仅在于弥补受害方的直接损失，更在于通过对侵权方施加超出常规范围的惩罚，实现制裁与教育并重的双重目标。此额外惩罚旨在遏制侵权行为的再次发生，同时在社会层面构建起对潜在违法者的强大威慑力。这种威慑力源于惩罚力度之大，足以使侵权者面临无利可图乃至负收益的局面，从而在全社会范围内形成一种自我约束的潜在力量。潜在侵权者在行为决策前，将不得不全面权衡行为成本与潜在危害，从而促成一个全方位的社会利益保护屏障。尽管惩罚性赔偿的根源可追溯至对个人私益的保护需求，但其深远影响最终汇聚于社会公益的坚实捍卫，这构成了立法者在消费类侵权纠纷中引入该制度的核心理由。鉴于消费领域的商品与服务直接关系到公众的身心健康与安全，且其广泛的流通性决定了受害群体的庞大，这使得消费领域的侵权行为极易触及社会公共利益。

惩罚性赔偿所蕴含的公法性质，进一步强化了其在公益维护方面的功能。从公私法划分的传统视角出发，惩罚功能通常被视为刑法的专属领域，旨在通过严厉的制裁手段维护社会秩序。惩罚性赔偿虽置于民事私法框架内，却蕴含了鲜明的公法特征。其本质上的制裁性质，与公法制裁措施一样，均承载着维护社会秩序与公共利益的重要使命。这一双重属性为惩罚性赔偿的存在提供了坚实的正当性基础。

在此背景下，惩罚性赔偿不仅能够有效补救社会公益受损的状态，还能深刻契合民事公益诉讼的终极目标。通过增强责任承担的强度与效果，确保诉讼功能得以全面实现。其超额赔偿的特性与公法性质的融合，使得惩罚性赔偿在维护社会公益时手段更为严厉、方式更为彻底、效果更为显著。与民事公益诉讼制度的结合，更实现了程序与制裁措施的和谐共生，既避免了过度惩罚的风险，又有效解决了消费类附带民事公益诉讼中制裁手段单一、赔礼道歉等责任形式不足以充分救济公益损害的司法困境。

### （二）推广公益金管理组织的设立

自检察公益诉讼试点工作开展以来，部分检察机关已率先探索并成立了公益基金组织，这些组织在赔偿金的有效管理与社会公益的积极维护中发挥了至关重要的作用。公益金管理组织的设立状况尚不尽如人意，整体覆盖率偏低，且其功能发挥受到诸多限制。存在的问题主要包括以下几个方面。

其一，公益金管理组织的设立成本较高，涉及大量的人力、财力和物力投入。在缺乏明确的制度保障与专项财政支持的环境下，增设此类组织无疑会对相关机构造成额外负担，进而抑制了其设立的积极性。

其二，公益金管理组织在制度建设层面存在显著短板，尤其是在组织架构设置上缺乏清晰明确的指导方针。关于由哪个机构负责建立、如何进行管理以及人员配置等关键问题，尚未有详尽具体的规定出台。在公益金的使用规则及组织职能界定上也存在程序性缺失，导致操作过程缺乏统一标准。目前，已成立的公益基金组织形态各异，既有检察机关主导，也有相关行政部门及民间团体参与设立，这种多元化格局虽然体现了一定灵活性，但也带来了管理上的无序与混乱，难以高效发挥公益金管理职能，有效保障社会公益。

其三，公益金管理组织在职能定位与工作重心上存在模糊地带。许多公益基金组织将主要精力集中于资金募集阶段，而在资金的具体使用、专项保护项目的实施与管理等方面则显得力不从心、监管不严。这一现象凸显了公益金管理组织在明确职责分工、强化内部管理及规范操作流程方面的迫切需求。

为有效推进公益金管理组织的建设与发展，笔者建议采取以下两步走战略。

第一，明确界定公益金管理组织的职责范畴。不论公益金管理组织以何种形式存在，其核心职责应明确划分为两大板块：一是资金的接收与整合，这包括接受来自社会各界的捐赠款项，以及通过公益诉讼获得的赔偿金、补偿金等，涵盖国家拨款与诉讼收益在内的各类公益保护资金；二是资金的精细化管理与应用，涵盖对潜在公益侵害的预防及已发生侵害后的迅速补救措施。本书所探讨的赔（补）偿金管理，正是属于后者范畴，即针对已发生公益侵害的即时补救机制。在此基础上，笔者建议，在人民法院判定被告需支付赔（补）偿金后，应直接将此类款项划拨至公益金管理组织，并由其直接投入本案中受损社会公益的修复工作中，而非纳入一般性资金池进行再分配。此举旨在确保赔（补）偿金的专款专用，同时规避多头管理可能带来的效率损耗与资源浪费。尤为重要的是，公益金管理组织应更侧重于资金的管理与使用效能，而非单纯依赖资金募集，以强化资金的即时、有效投入。

第二，确立公益金管理组织的设立主体与领导架构。鉴于公益金管理组织在资金来源与职能行使上的独特性质，有必要将其与民间公益组织所设立的基金组织清晰区分。本书讨论的公益金管理组织，特指由国家机关设立，并与相关职能部门紧密协作的机构。这是因为，公益金管理组织的资金来源中，包含来自民事公益诉讼的赔偿金等涉及公权力运作的资金，其使用往往需要与相关政府部门协同作业，以实现对社会公益的有效救济，这远非民间基金组织所能承担之责。

在设立层级上，建议由市（州）级人民政府负责公益金管理组织的筹建与领导工作。这一安排基于以下几点考量：首先，民事公益诉讼多由中级人民法院管辖，而检察民事公益诉讼的办理机构则为市（州）级检察机关，高级别的政府机构参与组织设立，有助于促进跨部门间的协调与沟通；其次，公益金管理涉及的领域广泛，与地方财政紧密相连，低级别政府部门可能难以胜任此等重任；最后，将公益金管理组织置于人民政府的直接监管之下，能够有效避免个别行政部门的利益干扰，形成强有力的监督制衡机制，确保资金的公正、合理使用。

### （三）形成高效的怠责制约机制

针对附带民事公益诉讼中民事责任履行与执行环节所面临的问题，学术界已进行了广泛探讨并提出了诸多策略，且最高人民法院也在破解执行难题上采取了多项有力举措，这些措施在特定条件下对遏制怠责行为展现了一定成效。本书聚焦于附带民事公益诉讼的特有情境，提出若干针对性的解决方案，以期进一步完善制约机制。

#### 1.强化执行协作机制

鉴于监督机关与执行机构间协作不畅的现状，建议采取以下措施以加强双方合作：人民法院在接到监督机关的通报后，应立即启动执行程序，确保响应的及时性与有效性。执行机构应主动与监督机关建立稳固的协作框架，根据案件实际需求，探索引入行政机关专业人员参与执行过程，为执行工作提供必要的技术与专业辅助。监督机关应指定专门人员负责与执行部门（如执行庭、执行局等）的日常对接，打破以往责任分散、沟通不畅的局面，实现双方更为紧密、高效的协同作业。需要强调的是，执行协作机制的建立，并非赋予行政监督机关直接执行权或承担具体执行任务，而是旨在强化行政职能部门对法院执行工作的支持功能，通过简化跨部门合作流程，明确其在协助法院执行中的职责定位，从而有效提升执行效率与效果。

2.促进行政机关的及时补位

依据《中华人民共和国民事诉讼法》第二百五十二条的规定，当被执行人未依照执行通知履行其指定的行为义务时，人民法院有权采取强制执行措施，或委托相关单位、个人代为履行，且由此产生的费用应由被执行人承担。基于此法律框架，在附带民事公益诉讼中，若判决所确定的被告未能如期履行其行为义务，人民法院应依循此条款，适时启动执行程序，并视情况需要，委托具备相应职能的行政机关代为执行。

当被告虽已尝试履行如恢复原状等义务，但其履行结果未达判决所设定的标准，经负责监督的行政机关检验确认不符合要求时，人民法院应立即依据上述条款启动执行程序，并委托相应的行政机关代为执行，以确保受损的公共利益能够得到及时且有效的修复。

在具体实践中，通常由负责维护特定社会公共利益的行政机关担任监督职责。一旦发现被告的履行情况未达到判决标准，监督机关应立即向人民法院报告。随后，人民法院应向被执行人发出执行通知，要求其就未达标准的情况作出说明。若被执行人的解释合理，可给予其继续履行的机会直至达到判决标准；反之，若被执行人未能提供合理解释或解释不成立，人民法院则应立即启动执行程序，并委托原监督机关（同时作为具备执行能力的行政机关）代为履行，同时责令被执行人承担由此产生的全部执行费用。此流程设计旨在确保公益补救工作的高效、迅速完成，避免额外的时间与成本消耗，并迅速消除不充分履行所带来的负面效应，从而实现对社会公共利益的全面、有效保护。

# 第三节　附带民事诉讼的诉讼要件问题

## 一、诉讼要件的认定差异性

从司法实践中的典型案例分析可明确看出，对于附带民事公益诉讼的诉讼要件认定标准，存在显著的差异性。这种差异性的根源，主要在于对公私益性质判断的多元化，以及对诉讼要件具备性的严格审查过程中，社会公共利益边界的模糊界定。在实践中，公益与私益之间的界限不清，导致对性质迥异的行为采取了相同的诉讼路径，从而映射出附带民事公益诉讼要件认定标准的不统一问题。

此类问题的根源，深层次上可归因于司法机关对公益诉讼内涵理解的偏差。总体而言，司法实践中对公益诉讼的误解主要体现在以下几个方面：首先，错误地将涉案人数众多且缺乏固定当事人的诉讼等同于公益诉讼；其次，将涉及多数消费者利益或环境污染、资源破坏的案件一概而论地视为公益诉讼；最后，将与国家利益相关的案件直接归入公益诉讼范畴。这种认知模式在司法实践中颇为普遍，其背后既有司法人员主观认知的局限，也与我国民事公益诉讼制度规定的原则性、抽象性密切相关。张卫平教授指出，《中华人民共和国民事诉讼法》第五十五条第一款虽原则性地赋予了非直接利害关系主体对特定领域内侵害公共利益行为的起诉权，但具体制度性规定尚显不足。

## 二、强化诉讼要件中诉的利益的判断

### （一）诉的利益的判断作为缩小认定差异的主要方法

诉讼要件，作为法院审理并决定是否认可原告权利主张时必须审视的要素，是形成判决不可或缺的基础，而不只是诉讼程序的启动门槛。在此理论框架下，对于所侵害利益是否具备公共属性，以及是否适宜通过附带民事公益诉讼路径寻求救济的评估，构成了附带民事公益诉讼要件评估的核心环节。其中，形成判决所必需的积极要件中，诉的利益占据了举足轻重的地位。

诉的利益，作为大陆法系民事诉讼法学中的一个核心概念，其内涵丰富多样。本书采纳新堂幸司教授的观点，将诉的利益定义为："依据每一具体诉讼请求的实质内容，衡量作出判决的必要性与实际效果（实效性）。当此等必要性与实效性并存时，该请求即被视为具备要求获得判决的利益，即诉的利益。"

诉的利益的概念还承载着一项重要功能——筛选功能，也称为"消极功能"。当法院认为当事人所提诉讼缺乏必要的实效性和必要性，即不具备诉的利益时，有权驳回其诉讼或起诉请求。这一功能有助于优化司法资源配置，防止诉讼资源的无谓消耗，确保司法活动的有效性与针对性。

对附带民事公益诉讼要件的核心认定，聚焦于对其诉的利益的深入评估。设立公益诉讼的根基，在于传统民事诉讼中利害关系人主动维权的缺失，以及社会公益保护对特定诉讼机制的依赖。基于此，衡量公益诉讼判决的必要性与实效性，便成了诉讼要件认定的核心议题，这也正是诉的利益概念旨在解决的问题。

可构建如下逻辑链条：附带民事公益诉讼与普通公益诉讼相类，其设立的逻辑基础在于直接利害关系人的缺位，而特定诉讼机制则成为维护社会公益的必由之路。通过附带民事公益诉讼达成判决，其必要性与实效性显得尤为关键。在审视公益诉讼要件是否完备时，首要任务便是确认这一必要性与实效性的存在，以此奠定该制度运作的核心前提。至于其他诉讼要件，如当事人适格性等，虽也重要，但在此逻辑框架下应视为相对次要的考量因素。

诉的利益的评估过程，实质上即为对上述必要性与实效性的综合考量。精准把握诉的利益，对于规范附带民事公益诉讼要件的认定标准、缩减认定过程中的差异，具有至关重要的作用。

### （二）附带民事公益诉讼中的诉的利益

对附带民事公益诉讼中诉的利益的深入理解，需要从必要性与实效性两个维度展开细致分析。其中，必要性维度聚焦于判决是否确属解决当事人间纠纷所不可或缺，而实效性维度则考察判决能否切实有效地解决这些纠纷。

在附带民事公益诉讼的语境下，诉的利益的体现尤为显著。它具体表现为检察机关在刑事公诉程序中附带提起民事公益诉讼的必要性与实效性。这种诉讼形式的必要性根植于通过司法判决确认保护社会公共利益的迫切需求；其实效性则体现在通过诉讼程序能够实际达成对公共利益的有效维护，并避免其进一步受损。

附带民事公益诉讼的必要性是指检察机关在特定情境下，为保护社会公共利益而提出的诉讼请求，确需通过司法判决的形式予以确认。在公共利益面临紧迫威胁，且缺乏具体主体提起诉讼的情况下，检察机关的及时介入与起诉，成为保障广泛公共利益不受侵害的必要手段。

附带民事公益诉讼的实效性强调的是，检察机关通过提起诉讼，并借助法院的判决，能够切实解决公共利益领域的纠纷，有效防止保护不足或公益受损情况的持续发生。实效性的评估需考虑附带民事公益诉讼制度所应涵盖的纠纷类型及其处理范围，以确保诉讼结果能够为社会公共利益受损情况提供实质性的救济，进而维护公共利益法律关系的稳定与和谐。

附带民事公益诉讼中诉的利益的认定，核心在于准确判断提起诉讼的必要性与实效性，以确保通过诉讼程序能够实质性地保护并恢复受损的社会公共利益。

### （三）利用诉的利益来界定不特定多数人与社会公共利益

不特定多数人的社会公共利益构成了附带民事公益诉讼的客观范畴，也是该诉讼类型得以确立的基础性要件。在认定其诉讼要件时，关键在于精确把握不特定多数人的社会公共利益。诉的利益作为衡量诉讼必要性与实效性的理论框架，从诉讼客体的视角出发，审视其与诉讼请求之间的关联性。在附带民事公益诉讼中，诉讼客体核心聚焦于不特定多数人的社会公共利益，故而对这一群体公共利益的评估，实质上就是对诉的利益的直接判断。这一方法的应用，有助于明确界定附带民事公益诉讼所涉及的不特定多数人的社会公共利益，进而缩减诉讼要件认定过程中的差异。

"不特定多数人"作为司法判断中的一个抽象且原则化的概念，给司法机关在具体操作层面带来了显著的阐释难题。关于其界定标准与涵盖范围，已成为司法实践中亟待解决的普遍性问题。为精准界定诉讼要件，并有效区分公益诉讼与私益诉讼，亟须对不特定多数人的具体内涵进行清晰界定。鉴于该概念在语言上的高度抽象性，在探索其内涵时，可尝试转换视角，不局限于语言上的抽象解释，而是从诉的利益的必要性维度出发，探讨何种情境下公共利益主体的不特定性达到一定程度，以至于需要检察机关介入并提起附带民事公益诉讼。在此逻辑下，符合这一必要性的主体群体即可被界定为不特定多数人。此种必要性的评估，应建立在两个基本条件的满足之上，以确保公益诉讼的启动与执行既合理又必要。

其一，在分析附带民事公益诉讼中的诉的利益时，应当全面考量必要性与实效性两个核心维度。在必要性层面，需探讨是否确有必要通过法院判决来应对涉及不特定多数人的社会公共利益问题；而在实效性层面，则聚焦于判决是否能够切实解决此类公共利益争议。

"不特定多数人"这一概念，在司法实践中展现出高度的抽象性，其精确界定面临诸多挑战。在诉的利益的必要性考量下，明确"不特定多数人"的内涵显得尤为关键。此界定不仅关乎数量的多寡，更核心的是判断是否存在个体可能因特定行为遭受侵害的风险。在评估某行为是否适宜纳入附带民事公益诉讼范畴时，若该行为仅直接作用于一个明确且有限的人群，且不具备向更广泛群体扩展的潜在性，则不符合诉的利益的必要性标准，不宜提起附带民事公益诉讼。例如，针对已明确界定且有限的受害者群体实施的、无进一步扩散可能的行为，应视为针对特定个体的侵害，不构成对社会公共利益的普遍威胁。若某行为虽初时仅影响少数个体，但蕴含广泛的潜在影响力，能够引发更为深远的社会公共利益损害，如虚假广告可能误导未来众多消费者进行不当消费，则其影响范围扩大至不特定多数人，满足诉的利益的必要性条件，因而适宜通过附带民事公益诉讼途径加以应对。在此情境下，检察机关提起公益诉讼不仅是维护公共利益之必需，也是通过司法手段有效遏制潜在广泛损害、保障广泛群体利益的有效途径。

对诉的利益的判断应侧重于深入分析行为的潜在影响广度及其对社会公共利益造成的实际与潜在伤害，据此决定附带民事公益诉讼的启动与否。此方法旨在促进诉讼要件认定的统一与准确，确保司法资源得到合理配置与高效利用。

其二，确保侵害的广泛性得以体现。在评估犯罪行为的影响范畴时，关键在于该行为是否具备足够的侵害广度，以触及不特定多数人的利益。侵害范围与行为主体的关联度往往成为判断的关键要素。若侵害范围相对狭窄，仅涉及具体且有限的当事人，缺乏不特定性特征，则在此情境下，受影响的个体或群体更适宜通过自行提起私益诉讼来维护自身权益，而无须检察机关介入启动附带民事公益诉讼。

以具体案例为例，若仅涉及数量有限的牛肉（如一头牛的肉）被销售给邻近的几户居民，或在某小镇固定菜市场进行销售，此类情况下侵害范围显著受限。由于邻居数量有限，小镇人口流动性低且居民构成相对稳定，加之固定菜市场的顾客群体相对明确，因此受影响的利益主体具有特定性。在此情境下，受损利益主要体现为私人利益范畴，而非广泛的社会公共利益，故受损者有能力且应自行提起私益诉讼，无须检察机关介入提起附带民事公益诉讼，即此时不具备提起公益诉讼的诉的利益基础。

上述情境设定虽具一定限制性，且侵害范围与不特定人数之间的关联并非绝对，但此分析旨在为司法机关提供一个参考性的判断框架，以期在司法实践中能够依据此逻辑框架，结合具体案情，作出更为精准与合理的判定。

利用诉的利益之实效性要求界定社会公共利益的范围。在附带民事公益诉讼的制度框架内，实效性标准强调社会公共利益的争议须通过公益诉讼途径实现全面且实质性的化解，超越了私益诉讼所能达成的范畴。私益的本质在于其专属性，它通常归属于特定的自然人、法人或其他民事主体，即便在必要共同诉讼的情境下，其关联范围也仅限于直接涉及的当事人，而不广泛辐射至整个社会共同体。若将私益纠纷置于附带民事公益诉讼的框架内处理，其实效性将受到明显制约，因为公益诉讼的核心目标是修复受损的社会公益，而非补偿个别主体的私人权益。

在公益诉讼中，赔礼道歉、恢复原状等救济手段往往难以直接针对公民个体所遭受的损失（特别是财产损失）提供有效补偿。即便提出损害赔偿请求，其目的也主要聚焦公共利益的修复，而非直接赔付给具体的受害者。将私益诉求纳入公益诉讼的语境之中，不仅从法理上显得不合时宜，在实践层面也难以通过诉讼判决实现诉求的实质满足，这表明此类私益案件并不适宜通过附带民事公益诉讼来加以解决。

在界定社会公共利益的具体范围时，应当明确：若附带民事公益诉讼的诉讼请求旨在弥补特定受害人的具体损失或提供个别权益的救济，此类诉求因无法通过公益诉讼实现实质上的解决，故而不具备提起公益诉讼所需的诉的利益。反之，只有当诉讼请求直接关联到对更广泛社会公共利益的保护与修复时，提起附带民事公益诉讼才具有充分的实效性和必要性。

## 第四节 刑事附带民事公益诉讼办案机制的核心问题

### 一、检察机关内部办案机制的衔接问题

检察机关内部组织架构中，刑事诉讼职能主要由公诉部门承担，而民事公益诉讼职责则常归属于民事行政检察部门或专设公益诉讼部门。针对刑事附带民事公益诉讼的具体办案流程，当前制度框架尚未确立清晰的规范。在实践中，当公诉部门在审阅公安机关移送的起诉意见书时，若判断案件符合附带民事公益诉讼的条件，便会将相关证据资料转交至民事行政检察部门，由其评估是否启动附带民事公益诉讼程序。

此做法的合法性依据在于"人民检察院内部各业务部门在履行职责过程中，若发现案件线索可能涉及民事公益诉讼领域，应将相关资料转递至民事行政检察部门处理"。尽管此流程在制度设计层面具有合理性，但在实际操作层面，未能充分兼顾刑事附带民事公益诉讼的独特性，甚至可能因办案主体的分立而加剧办案难度。此问题可从审查起诉程序的复杂性角度进行深入探讨。

## （一）审查起诉流程的繁复性剖析

在既有办案模式下，刑事附带民事公益诉讼的刑事部分由公诉部门负责审查并决定是否启动刑事诉讼程序，而民事公益诉讼部分则由民事行政检察部门在接收证据资料后进行独立评估。需要强调的是，此证据资料转移不同于常规案件线索的移送。在常规情况下，公诉部门发现可能涉及民事公益诉讼的线索后，会将其转交至民事行政检察部门，后者则独立决定是否立案及后续的调查取证工作，两部门在案件处理上保持相对独立。

在刑事附带民事公益诉讼的语境下，若民事行政检察部门经审查认为有必要提起民事公益诉讼，当前制度对于是由该部门直接向人民法院提起附带民事公益诉讼，还是应将起诉建议返回给公诉部门，由后者统一提起刑事及民事公益诉讼，未予明确规定。在司法实践中，这两种做法并存，但均面临流程冗长、权限界定模糊的问题。此模式不仅不利于案件的集中高效处理，也难以实现刑事附带民事公益诉讼节约司法资源的初衷。

### 1. 公诉部门统一起诉模式的实践挑战

在当前刑事诉讼制度框架下，鉴于附带民事公益诉讼对刑事诉讼的依附性特征，公诉部门统一起诉的实践模式较为普遍。此模式涉及公诉部门在接收侦查机关移送的起诉意见书及证据资料后，若认为案件符合提起民事公益诉讼的条件，则将相关线索及证据转交至民事行政检察部门（以下简称"民行检察部门"）进行专业审查。审查结束后，民行检察部门需向公诉部门反馈其起诉意见及案件审查材料，由公诉部门据此决定是否联合提起刑事诉讼与民事公益诉讼。

此流程中，民行检察部门的功能被限定于审查权范畴，而不具备直接起诉的权限，仅作为案件审查的辅助角色参与。此做法的显著缺陷在于，民行检察部门作为民事公益诉讼的专业处理机构，其在案件审理中所具备的专业技能与知识优势未能得到充分发挥，仅局限于执行审查职能，这在一定程度上削弱了附带民事公益诉讼的程序独立性与重要性，也制约了案件处理效率的提升。审查权与起诉权的分离，与刑事诉讼中倡导的审查与起诉一体化原则相悖。

案件在部门间的频繁流转不仅造成了时间成本的增加与额外工作负担的累积，还破坏了工作流程的连贯性与集中性，加剧了部门间沟通与协调的复杂性。此状况不仅拖慢了案件处理的进度，还可能对案件处理的质量产生不利影响，进而对整个司法处理过程的效率与公信力造成负面冲击。

2. 两部门分别提起诉讼的复杂性

在民事行政检察部门完成审查并同意提起附带民事公益诉讼后，若由其单独向人民法院提起此类诉讼，则明显偏离了刑事附带民事公益诉讼的内在诉讼逻辑。与刑事附带民事私益诉讼不同，后者允许刑事诉讼与附带民事私益诉讼的提起主体相分离，而刑事附带民事公益诉讼的提起主体具有唯一性，即必须是检察机关整体。依据诉讼原理，同时具备刑事追诉与民事公益诉讼双重职能的应当是人民检察院这一整体机构，而非其内部某一特定部门。从职能分工的角度来看，尽管各部门负责案件的具体处理工作，但它们并不具备直接作为诉讼主体参与诉讼的资格。应由检察院作为统一诉讼主体向人民法院提起诉讼，避免将内部部门职能划分引入对外诉讼程序，导致不同部门分别承担起诉职责。

不同部门分别起诉的做法，无疑加剧了内部协调的困难程度，造成了刑事诉讼与民事公益诉讼在一定程度上的割裂。这种模式要求公诉部门与民事行政检察部门之间频繁沟通、紧密协调，特别是在案件追诉策略与证据运用方面，需进行大量对接工作，从而导致本应一体化处理的诉讼过程被不必要地分割，增加了诉讼成本。高昂的诉讼成本不仅限制了诉讼工具的有效运用，还可能对整个社会权利保护机制的构建与运行产生消极影响，进而阻碍了刑事附带民事公益诉讼制度价值的充分实现。

### （二）附带民事公益诉讼难以准确及时提起

尽管当前制度框架赋予了民事行政检察部门对民事公益诉讼起诉的审查权限，公诉部门在实际操作中的行为对于启动民事公益诉讼具有先决性影响，其处于整个程序的核心地位。民事行政检察部门能否进行审查并作出决定，高度依赖公诉部门对相关案件线索的及时移交。若公诉部门出于各种原因不愿或延迟移交线索，附带民事公益诉讼的及时提起便面临重大障碍。

此现象背后原因复杂多样：其一，尽管检察机关的公益诉讼工作得到了国家层面的广泛推广与政策支持，但实际推进过程中成效并不显著，部分检察机关对公益诉讼的价值认识尚未达到全面深入的层次。公益诉讼涉及领域广泛，社会影响复杂，常需对行政机关进行有效监督，甚至可能将行政机关置于诉讼对立面，这在一定程度上使得部分检察机关在面对需积极介入的复杂案件时，产生了畏难情绪或选择性回避的现象。其二，刑事附带民事公益诉讼的顺利提起与高效处理，依赖公诉部门与民事行政检察部门之间的紧密合作与高效协同。部门间职能差异、资源分配不均、协同机制不健全等问题，均可能加剧工作负担、增加协调难度，进而导致线索移交不畅、诉讼提起迟缓。其三，公诉部门在处理附带民事公益诉讼时，往往需要承担超出其本职范围的额外工作，这在一定程度上可能引发其消极态度。由于对民事公益诉讼相关法律知识与诉讼技能的不熟悉，公诉部门可能缺乏主动承担起诉责任的积极性，甚至可能产生"避重就轻"的心态，进而影响其向民事行政检察部门移交案件线索的及时性与有效性。

为有效缓解上述困境，关键在于对刑事附带民事公益诉讼的制度设计进行系统性改进。通过简化审查流程、优化部门间协作机制、加强资源共享与人员培训等措施，确保案件能够在各部门的共同努力下得到高效、准确、及时的处理。

## 二、建立合检办案的工作方式

协同检察办案机制，作为一种创新的检察工作方式，旨在处理刑事附带民事公益诉讼案件时，促进检察机关内部的公诉部门与民事行政检察部门基于案件特性与具体需求，展开跨部门协作，共同推进案件处理进程。此模式已在多地检察机关实践探索，并取得积极成效，同时引发学术界的广泛关注与深入研讨。学者倡导通过整合刑事、民事、行政等多元化法律手段，以应对涉及公益保护的复杂案件，推动检察工作的全面性与系统性发展。

当前，部分地方检察院已率先尝试实施"三检并行"或"一案三查"等创新工作模式，旨在解决以往公诉与民事行政检察工作间存在的联动不足问题。这些实践探索不仅在理论上丰富了公益保护的理论体系，更在实践中展现了促进检察工作效能提升的潜力。当前的研究与讨论多集中于广义的民事公益诉讼范畴，对于协同办案模式的具体运作机制、部门间协作的深度以及职责划分的精细化等方面，尚存在进一步探索的空间。部分研究成果尚未能深入剖析实际操作中的部门协作细节与责任界定问题。

为深化协同检察办案模式的理论研究与实践应用，建议着重加强两方面工作：其一，明确界定不同部门在协同办案中的职能边界与责任范围，确保各部门在合作过程中既能发挥各自的专业优势，又能避免职责交叉导致的资源浪费或工作疏漏；其二，应系统规划并优化部门间合作的具体流程与协作机制，确保案件处理过程的高效顺畅，提升公益诉讼的整体效率与质量。通过这些措施，有望为协同检察办案模式的广泛应用提供坚实的理论与实践基础。

### （一）合检的模式选择

在探讨合检办案模式的构建时，需明确其本质为公诉部门与民事行政检察部门在处理刑事附带民事公益诉讼案件时的专项协同工作，而非传统意义上的合署办公或部门合并。此模式强调案件处理过程中的紧密合作，同时保留各部门独立运作与职责界定的完整性。合检模式的选择应聚焦于人员优化配置与工作任务的合理分工，避免对既有领导体制与机构设置进行根本性调整。

第一种可行的合检模式涉及在刑事附带民事公益诉讼案件办理阶段，民事行政检察部门选派专业人员融入公诉部门的案件处理团队中。在此模式下，公诉部门承担刑事诉讼的主导职责，负责整体诉讼流程的推进；而民事行政检察部门则专注于为民事公益诉讼部分提供专业支撑与指导。实施此模式时，案件由公安部门移送至检察机关后，案件分配部门在识别出案件涉及公益元素时，应同时指派给公诉部门并通知民行检察部门。随后，民事行政检察部门可根据案件需求，主动提出参与公诉部门工作的申请，共同承担案件中民事公益诉讼部分的职责，包括起诉决策的制定、证据的搜集整理以及诉讼程序的推动等。

此种合作模式不仅强化了案件处理的综合性与专业性，而且通过民事行政检察人员的参与，有效发挥了其在公益诉讼领域的专长，促进了刑事与民事公益诉讼环节的顺畅衔接。该模式还有助于减少因部门间交接而可能产生的办案延误，显著提升刑事附带民事公益诉讼案件的处理效率与质量。

第二种合检模式构想聚焦于检察机关内部设立专门的公益诉讼部门，该部门旨在集中优势资源，专项负责刑事附带民事公益诉讼案件的处理。此部门将融合民事与行政公益诉讼的职能于一体，并承担诉前准备工作的全面规划与实施。其显著优势在于能够高效整合检察机关内部的公益诉讼资源，通过集中力量处理公益案件，有效缩减部门之间协调的时间成本与资源浪费，进而提升办案效率与质量。

该模式在全国范围内的推广尚面临一定挑战，主要源于成本与机构设置的考量。增设专门部门需投入大量资源，可能超出部分资源紧张的检察机关的承受能力。鉴于公益诉讼尚未成为检察机关的常规核心业务，案件数量相对有限，可能导致专设部门面临资源闲置与机构臃肿的风险。尽管如此，随着最高人民检察院的积极倡导与公益诉讼业务的蓬勃发展，专门设立公益诉讼部门的必要性日益凸显，特别是在处理复杂的刑事附带民事公益诉讼案件时。

专设公益诉讼部门的另一重要优势在于其人员构成的专业性与综合性。部门成员通常需具备刑事诉讼与民事公益诉讼的双重专业知识背景，能够无缝衔接案件的刑事与民事部分，显著降低部门间沟通协调的复杂度，确保案件处理的连贯性与高效性。该模式下的集中管理与统一指挥机制也有助于优化人员配置，提升案件处理的专业化水平。

民事行政检察部门融入公诉部门工作模式与设立独立公益诉讼部门两种合检办案模式，各具特色与局限。各检察机关应基于自身实际情况与案件特性，审慎选择最适合的合检模式，以确保刑事附带民事公益诉讼案件能够得到高效、专业的处理。

**（二）职责的具体分配**

在合检办案模式中，若采纳由公益诉讼部门统一承担刑事附带民事公益诉讼职责的架构，其内部职责划分则呈现出直接且明确的特征。在此架构下，公益诉讼部门作为一个整合性实体运作，其成员虽然可能源自原公诉、民行等不同部门，但在该部门内部，工作执行不再受限于原有部门界限，实现了跨领域协作的无缝对接。

公益诉讼部门的核心职责在于全面审阅侦查机关移交的证据材料，并对案件的刑事与民事公益部分进行一体化处理。为保持审查工作的一致性与高效性，通常由同一专业团队负责案件的整体审查与推进。

进入诉讼阶段后，公益诉讼部门作为起诉主体，需向人民法院同时提起刑事指控及附带的民事公益诉讼。在此过程中，该部门将指派具备专业资质的检察官或检察辅助人员，专门负责出庭应诉工作，包括提交起诉书、进行开庭陈述、参与法庭辩论等关键诉讼环节。该模式显著优势在于，它确保了案件处理的专业性、集中性与连贯性，有效规避了跨部门协作中可能产生的信息不畅与效率损耗问题，进而强化了办案的法律效果与司法权威。

该模式凸显了公益诉讼部门在刑事附带民事公益诉讼中的核心引领作用，实现了从案件侦查到法庭审判全过程的紧密衔接与高效协同。这种一体化的办案机制不仅优化了检察资源的配置，也极大地提升了检察机关在维护社会公共利益方面的整体效能。

在合检办案机制下，公诉部门与民事行政检察部门（以下简称"民行检察部门"）在处理刑事附带民事公益诉讼案件时，其人员整合与任务分工的实践操作确实具有一定的复杂性。

首先，需确保办案团队内部信息的全面共享与透明，其中公诉部门负责基于侦查机关提供的材料对刑事起诉的必要性进行审慎评估，而民事行政检察部门成员则专注于评估是否适宜提起附带的民事公益诉讼。此环节，可采取民行检察部门在公诉部门完成刑事审查后独立开展民事公益审查的方式，亦可两者并行审查，以提升效率。

其次，当案件全貌得以清晰呈现后，公诉部门将独立判断并决定是否提起刑事诉讼，而民事行政检察部门则独立掌握附带民事公益诉讼的提起权。若两部门均认为案件适宜以刑事附带民事公益诉讼形式推进，则将以联合体的形式共同向人民法院提起诉讼，此举旨在消除起诉阶段潜在的协同障碍，确保合检办案目标的顺利实现。反之，若公诉部门决定不提起刑事诉讼，而民事行政检察部门认为有必要单独提起民事公益诉讼，则案件可相应转由民事行政检察部门独立处理。

最后，在庭审阶段，将汇聚负责刑事部分的公诉人员与负责附带民事公益诉讼部分的民事行政检察人员，双方共同出庭，代表检察机关行使诉讼权利。尽管在法庭上检察官作为统一的诉讼主体出现，但其内部职责依然根据刑事与民事部分的界限进行了明确划分。此合检模式旨在有效克服检察机关在处理复杂案件时面临的部门间协作难题，通过减少组织成本与工作重复，促进案件处理的高效化与法律效果的和谐统一。

## 第五节　知识产权刑事附带民事诉讼案例分析

### 一、案例一："镇湖刺绣"知识产权保护行政公益诉讼案

#### （一）要旨

检察机关在传统文化领域的知识产权保护中占据核心地位，通过启动行政公益诉讼程序，积极介入并推动行政机关依法履行其保护职责。此举旨在构建一个更为完善的非物质文化遗产及地理标志产品的知识产权保护框架，通过加强源头治理和封堵保护漏洞，有效促进传统文化的持续传承与繁荣发展。

#### （二）基本案情

2006 年 5 月 20 日，国务院正式将苏绣列入首批国家级非物质文化遗产名录，赋予其遗产编号Ⅶ-18。江苏省苏州市虎丘区镇湖街道，作为苏绣艺术的璀璨发源地，其特色产品"镇湖刺绣"在 2010 年荣获国家地理标志产品保护认证。2023 年初，一系列知识产权纠纷问题凸显，多名绣娘借助"苏绣检察服务中心"及"苏绣 E 检通"微信小程序平台，向检察机关集中反映了苏绣行业面临的严峻挑战。主要问题聚焦于机绣产品冒充手工绣品泛滥市场，苏绣产品的外观设计专利权争议不断升级，以及苏绣底稿著作权冲突频发。这些问题不仅严重侵害了消费者的合法权益，更极大地挫伤了绣娘的创作积极性，干扰了企业的正常运营秩序，对苏绣产业的整体健康发展构成了严重威胁，进而影响国家非物质文化遗产及地理标志的有效保护与传承，致使社会公共利益蒙受损失。

### （三）检察机关履职情况

江苏省苏州市虎丘区人民检察院（以下简称虎丘区检察院）在深入剖析初步获取的线索后，深刻认识到苏绣作为国家级非物质文化遗产的不可替代价值，它是中华民族悠久文化传统的精髓之一。而"镇湖刺绣"，作为获得国家地理标志产品认证的品牌，更是承载着传承与保护优秀传统文化的重大使命。鉴于此，虎丘区检察院于2023年4月18日正式启动了针对苏绣保护问题的行政公益诉讼程序。

在调查取证过程中，检察机关发现苏绣在著作权、商标权、外观设计专利及地理标志等多个知识产权维度上面临严峻的保护挑战。为此，虎丘区检察院向苏州高新区（虎丘区）市场监督管理局（知识产权局）（以下简称虎丘区市场监管局）送达了行政公益诉讼检察建议书，强调并督促其加大对假冒伪劣苏绣产品的打击力度，强化对"镇湖刺绣"地理标志的保护措施，同时提升对苏绣这一非物质文化遗产的整体保护效能。

虎丘区市场监管局积极响应，不仅加大了对机绣冒充手工绣、违反《地理标志产品 镇湖刺绣》标准的产品的查处力度，还完善了苏绣知识产权侵权行为的投诉举报机制，通过多次警告、约谈及调解知识产权纠纷，有效维护了区域内苏绣市场的正常交易秩序。

为进一步强化源头治理，促进行业自律与依法维权意识的提升，虎丘区检察院通过发布社会治理检察建议，推动镇湖刺绣协会加强市场管理和知识产权保护工作，旨在构建并提升镇湖刺绣的品牌影响力。镇湖刺绣协会对此给予高度重视，全面梳理并排查苏绣知识产权权属情况，依托苏绣版权交易平台，鼓励创作者积极进行版权登记，整理总结苏绣常见设计元素，申请专利并积极开展维权行动。协会还协助成员申请注册了大量商标和专利，利用行业组织优势，通过调解与和解方式高效解决知识产权纠纷，显著提升了行业内法律素养与自律水平。

针对苏绣保护工作中存在的难点与瓶颈，虎丘区检察院通过深入调研，牵头协调行政机关与行业协会，共同制定了《关于促进镇湖苏绣产业发展的若干意见》，旨在全区范围内建立"苏绣品牌法治保障中心"，强化司法、行政与保护协同工作机制。虎丘区检察院还发布了《加强苏工苏作知识产权保护工作指引》，旨在为优秀传统文化的保护、传承与创新发展提供有力支持与指导。

**（四）典型意义**

1. 实施非物质文化遗产与地理标志产品保护之公益诉讼路径

非物质文化遗产，作为国家与民族的文化瑰宝，深刻映射着历史文化的辉煌成就，是中华优秀传统文化不可或缺的组成部分。地理标志产品，则特指那些源自特定地域，其品质、声誉或特性显著受该地域自然与人文因素影响的产品，它们承载着独特的地理生态与人文历史信息，是产品质量与信誉的双重保证。检察机关在履行职责时，应敏锐洞察非物质文化遗产与地理标志保护传承中面临的挑战，细化分析传统文化领域内商标权、著作权、专利权及地理标志等知识产权遭受侵害的具体情形。为此，应综合运用检察职能，借助行政公益诉讼建议、社会治理检察建议、司法与行政执法的紧密衔接以及广泛的普法宣传等手段，构建一套契合传统文化领域知识产权案件特性的综合履职体系，以法律之盾，捍卫非物质文化遗产与地理标志产品的尊严与价值。

2. 强化协同保护，共筑社会治理新格局

非物质文化遗产与地理标志产品的保护工作，是一项系统工程，亟须司法机关、市场监管部门、知识产权管理机构等多方主体的协同努力与深度参与。检察机关应当在知识产权综合保护中发挥引领作用，利用公益诉讼的独特优势，通过圆桌对话、检察建议发出及协作机制会签等方式，促进各部门间的紧密合作与职责共担，实现资源的优化配置与优势互补，让知识产权的协同保护成为驱动传统文化产业创新发展的强劲动力。应深入挖掘行业协会与企业间的桥梁作用，通过实地调研、深度交流及检察建议的精准送达，提升行业治理效能，汇聚起保护非物质文

化遗产与地理标志产品的强大合力，共同营造一个知识产权保护领域共
建、共治、共享的良好生态。

## 二、案例二："白蕉海鲈"地理标志保护行政公益诉讼案

### （一）要旨

鉴于地理标志知识产权保护体系中存在的短板，检察机关以行政公
益诉讼监督为切入点，综合运用磋商、检察建议发出、公开听证会举办、
产业发展联席会议组织及调研报告编制等多重策略，构建起一个立体化
的保护框架。此举旨在敦促行政机关严格依法履职，助力地方政府完善
标准化文件体系，并推动地方性立法的进程，从而为地理标志的全方位
保护奠定坚实的法治基石。

### （二）基本案情

广东省珠海市斗门区，坐落于珠江之滨，凭借其得天独厚的自然条
件——优越的气候与丰富的淡咸水资源，孕育出了享誉全国的优质水产
品"白蕉海鲈"。2009 年，"白蕉海鲈"获得殊荣，被正式认定为广东省
水产业首个国家级地理标志保护产品，并荣耀登榜全国名特优新农产品
名录。广东省珠海市斗门区人民检察院（以下简称斗门区检察院）在深
入调研与实地走访中发现，尽管"白蕉海鲈"作为地理标志产品及地区
经济的重要支柱，但面临着地理标志使用不规范、相关规范性文件失效、
管理效能低下及品牌发展滞后等一系列严峻问题。这些问题不仅侵蚀了
品牌的市场信誉，更对产业的长期稳定发展构成了潜在威胁，导致产业
发展陷入困境，进而损害了社会公共利益。

### （三）检察机关履职情况

2022 年 5 月，斗门区检察院针对"白蕉海鲈"地理标志的保护与利
用现状，发起了一轮详尽的调研活动。在调研过程中，调研组揭示出部

分生产企业与销售商户在"白蕉海鲈"地理标志使用上的违规或不当行为。为深入剖析这些专业性问题，斗门区检察院特邀行业权威专家进行咨询交流，并与区域内相关职能机构及海鲈行业协会等多方主体进行多轮磋商，旨在共同探索促进"白蕉海鲈"特色产业蓬勃发展的有效策略。

2022年7月6日，斗门区检察院正式启动了行政公益诉讼程序，并在同年内精心组织了一场公开听证会。该听证会广泛邀请了市、区两级行政机关代表、学术领域的专家学者，以及人大代表、政协委员、人民监督员等社会各界人士参与。经过充分听证与深入讨论，与会代表一致表达了对检察机关向行政部门提出检察建议的支持态度，强调需携手增强保护力度，共同构建稳固且持久的保护机制。

2022年8月24日，基于详尽的调查结果及听证会上的综合评议，斗门区检察院正式向广东省珠海市斗门区市场监督管理局（以下简称斗门区市场监督管理局）发送了《检察建议书》。该建议书明确指出，行政机关应切实履行法定职责，引导并规范"白蕉海鲈"地理标志的使用行为，加大对侵权行为的打击力度，同时着手更新和完善"白蕉海鲈"地理标志的管理办法及质量标准体系，并建立起一套长效监管机制，以实现对"白蕉海鲈"地理标志更为全面、深入的综合保护。

接到《检察建议书》后，斗门区市场监督管理局立即响应，迅速组建专项地理标志保护工作小组，并精心制定了详尽的实施方案与配套措施。斗门区市场监督管理局随即启动线上线下相结合的专项整治行动，圆满完成了对海鲈鱼相关食品共计28批次的抽检任务。针对冒用地理标志、发布虚假广告及擅自或错误使用地理标志的违法行为，斗门区市场监督管理局依法对5家企业实施了查处，责令4家企业限期整改，立案查处违规案件4起，同时向相关企业发出《行政提示书》1份，现场指导规范操作的企业达16家，并成功动员4家生产企业参与广东省预制菜地方标准的制定工作。

斗门区检察院携手区政府相关职能部门，共同召开了"白蕉海鲈"

地理标志知识产权保护及产业发展联席会议，旨在增进共识，强化地理标志保护与产业发展的协同推进。会议结束后，斗门区区政府及时发布了会议纪要，明确了各方职责，为构建多部门协同工作机制奠定了坚实基础。斗门区检察院持续跟进监督，积极助力斗门区人民政府制定《"白蕉海鲈"地理标志产品保护管理办法》等规范性文件，并向珠海市司法局递交了《立法项目建议申报表》，有效推动了"白蕉海鲈"地理标志的独立立法进程，使其顺利纳入2023年度地方立法计划。斗门区检察院还向相关部门提交了《关于"白蕉海鲈"地理标志知识产权保护工作的调研报告》，该报告从多维度出发，为"白蕉海鲈"地理标志产业链的综合保护策略提供了全面而深入的建议。

### （四）典型意义

#### 1.强化源头防控，确保地理标志法治保护

地理标志，作为地区独特自然生态与深厚历史人文底蕴的集中展现，对保障产品品质与信誉具有不可或缺的作用。其保护不仅关乎知识产权权利人与广大消费者的切身利益，更深刻影响着地方特色品牌的塑造与区域经济的繁荣。检察机关应依托其在知识产权检察领域的集中统一职能，主动出击，积极运用行政公益诉讼手段，将工作重心前置至地理标志保护的源头，致力于构建全方位、多层次的保护体系，以法治力量守护地理标志的纯洁性与价值。

#### 2.实施精准监督，构建多元化保护网络

针对"白蕉海鲈"地理标志保护过程中遭遇的各类挑战，检察机关应充分发挥行政公益诉讼诉前程序的独特优势，通过组织公开听证会、邀请专家咨询等多元化途径，广泛汇聚各方智慧，深入研讨并制定出针对性强、实效性高的解决方案。积极搭建产业发展工作联席会议平台，促进跨部门间的深度对话与协作，共同探索协同治理的新模式，精准施策，从源头上解决问题。检察机关还应主动作为，协助地方政府完善相

关规范性文件，推动地方立法进程，并编制详尽的调研报告，为地理标志保护提供坚实的法治支撑与前瞻性的政策建议，确保问题得到根本性解决与有效预防。

# 第七章 刑事附带民事公益诉讼的体系构建

## 第一节 立案和制度的完善

### 一、立案指标围绕刑罚效果与社会效果最优化

检察机关办案的关键问题是立案标准。[①] 在决定是否立案时，检察机关需从繁杂的案件线索中剔除模糊和无关的信息，通过初步的调查与评估，并参照立案标准，以确定案件是否符合立案条件。这一过程需秉持"公益为核心，人民为中心"的办案理念，并依托科学的考证制度及对立案权力的有效监督机制。只有在正确的办案理念指引下，才能确保办案过程的科学性与合理性，实现办案全流程的规范化。

检察机关在处理此类案件时，应更加注重办案质量，而非单纯追求数量。公益诉讼始终坚持以人民为中心，建立全面且客观的考核评价机

---

① 时磊.检察公益诉讼办案中存在的主要问题和解决路径 [J].中国检察官,2020( 15): 61-66.

制，利用利益激励机制推动刑事附带民事公益诉讼案件办理质量与效率的提升。检察机关应深入联系群众，及时回应社会关切，积极挖掘公益诉讼的线索与信息。鉴于公益诉讼所涉及的问题往往较为复杂，检察机关需加强与各级机关及专业机构的协作，借助社会各界的资源，以便更好地维护社会公益事业。

在具体办案过程中，检察机关应追求案件处理效果的多方满足，力求在一个案件中同时解决刑事责任与侵权赔偿问题，确保处理结果兼具双重价值。其中，刑事部分应重点惩处对国家和社会造成损害的行为，而民事部分则应侧重于弥补这些行为对公共利益造成的损害。

检察机关应充分利用每个案件的办理契机，以优秀案例作为办案的参照，提升公众的教育与警示效果。公益诉讼的根本目的在于解决问题并维护公共利益，检察机关在诉讼结束后应督促行政机关进行领域整治，并广泛推广和宣传相关经验。对于办理过程中发现的特殊问题，应规范立法，不断完善办案流程，优化案件效果，以实现更广泛的社会价值。

刑事附带民事公益诉讼类案件的复杂性和长期性要求检察机关持续跟进并保持监督，尤其是关注案件的最终执行效果，确保公益诉讼责任得到切实履行。监督工作应包括自我反思，即审视自身在办案中存在的问题，并及时进行纠正，同时考虑是否可以对办案流程进行优化，以期在未来的办案中取得更好的成效。

## 二、厘清刑事与民事关系

公益诉讼案件的处理往往涉及多个部门的协同作业。检察机关内部已构建十大专业机构，这一架构提升了办案的专业化程度。在处理复杂案件时，各部门间的配合与协作仍需进一步强化。根据刑事诉讼规则，检察机关在审查起诉阶段，需明确案件是否涉及附带民事公益诉讼。除第八检察机构外，其他内设机构在办案过程中，一旦发现公共利益可能受损，应及时将相关信息转交至公益诉讼部门，以便迅速启动相应的诉讼程序。

在犯罪行为和违法行为的发现及启动机制方面存在差异，刑事检察部门与民事检察部门应充分发挥各自的业务专长，实现信息的有效双向移送，并在流程或相关工作上紧密配合，以确保全面追责。若各部门能够协同合作并保持沟通顺畅，公共利益的界定将更加清晰且科学。在起诉、审判及执行等各个阶段，部门间的紧密协作将显著提升检察工作的质量和效率。①

附带民事公益诉讼与刑事诉讼通常采取同案审理的方式。按照相关规定，附带民事公益诉讼应在刑事案件判决前向法院提起诉讼。为保障诉讼效率及维护公共利益，应尽可能实现同步起诉，刑事诉讼与附带民事公益诉讼应一并进行审查与判决。这就要求刑事检察部门与公益诉讼部门加强联系与协作，确保案件信息的顺畅交换，实现资源共享，以科学有效的方式协调刑事与民事部分的起诉、程序等相关事宜。

刑事附带民事公益诉讼过程中涉及两大诉讼的审理，其审理顺序是关键，在司法实践中，程序上的惯例是先刑事后民事。②但先刑事后民事审理顺序会带来一些问题。

第一，处理刑事案件的前期工作涵盖证据的收集与审查，这一过程通常复杂且需投入大量的人力、物力。对于民事案件而言，及时采取财产保全措施对后续执行工作具有重大意义和深远影响。

第二，刑事案件中不存在缺席审判的情形，所有刑事附带民事公益诉讼案件均需在刑事审判结果确定后，方可进入民事部分的审理。若犯罪嫌疑人未出庭，民事程序将无法启动，这严重侵害了其他原告的民事诉权。

---

① 石晓波，梅傲寒．检察机关提起刑事附带民事公益诉讼制度的检视与完善 [J]．政法论丛，2019（6）：27-36.
② 陈双玲．生态环境公益诉讼案件引发的民刑交叉问题探究 [J]．人民法治，2018（4）：48-49.

第三，科学合理地划分刑事责任与民事责任存在一定的难度。从法理层面分析，当被告同时被判处罚金及承担民事赔偿时，应优先执行民事部分。若刑事部分先行确定，民事赔偿的执行可能会面临困境，从而对公共利益产生不利影响。被告在承担刑事责任后，继续承担民事赔偿可能缺乏足够的动力，这种刚性的判决方式可能会影响执行效果。

刑事与民事程序之间存在既定的关联性，在利用这种关联性时还需确保刑事与民事程序的各自独立性。在前期准备工作中，应将两者分别处理，避免相互干扰，并指派专门人员依法及时进行案件调查。在裁判过程中，可以利用刑事与民事之间的关联性来辅助案件的审理和证据认定，或激励被告承担责任。

在处理顺序上，通常先处理刑事案件。然而，在特定情况下，如被告人未被捕获但名下有可供执行的财产，或侵权损害赔偿不需以刑事判决为前提时，应优先处理案件的民事部分。根据案件的具体情况灵活调整处理顺序，以确保案件处理的质量和效率，这种灵活的处理方式在司法实践中至关重要。

民事程序具有其独立价值，民事公益诉讼虽形式上为附带，但并非完全依附于刑事程序。刑事和民事程序各有其独特的功能和作用。在具体的司法实践中，应避免过分拘泥于传统的司法流程和形式，同时兼顾司法公正与效率，以便更好地维护国家与公共利益。

### 三、逐步增强社会公益力量

相比于其他诉讼主体，检察机关提起刑事附带民事公益诉讼，更容易获取证据，在诉讼经济和诉讼效率上也存在极大的优势。检察机关在履职时，一旦发现社会公共利益受损的情况，对其提起刑事附带民事公益诉讼，具有极重要的意义。

我国检察机关在具体的司法实践中，正在稳步延展公益诉讼的领域和范围，对以往一些容易忽视的问题逐步开始介入，在其中渐渐发挥出应有的职能。在现实生活中，公益诉讼的案件关系人民生活的方方面面，对社会公益的关注关系每位社会成员的生存发展。正由于民众是生活的参与者，也是社会的建设者，在其日常工作和生活中，最容易发现问题，检察机关应当充分鼓励民众积极提供公益诉讼信息和线索。民众所提供的这些支持能有效助力检察机关公益诉讼职能的充分发挥。基于此，检察机关或是相关机构和部门可以通过宣传教育活动或是奖励机制，激励民众助力和支持检察机关的工作。

检察机关作为国家的权力机关，在其履行职责的过程中，不可避免地存在懈怠行为或权力滥用的风险，其权力的行使必须受到有效的监督。若检察机关未能规范或未及时履行其职责，应通过相应的组织或团体进行监督，及时指出问题并要求整改，以便更有效地维护社会公共利益。从公益诉讼的实践来看，多数公益诉讼案件是由社会组织或公民个人发起的，这既体现了民众对自身权利的积极捍卫，也彰显了对社会公益的深切关怀。公益诉讼发起主体的多元化与国家法律传统及公民社会的成熟度密切相关。

若社会组织具备自行提起公益诉讼的能力，检察机关应允许其独立进行诉讼，并在必要时为其提供资源上的支持或流程上的协助。刑事附带民事公益诉讼不应被视为保护公共利益的唯一途径。

## 第二节　诉前程序的完善

### 一、加强检察机关与公安部门的配合，及时完成诉前准备工作

刑事审查起诉期限与附带民事公益诉讼的诉前公告期之间存在紧密的关联，检察机关应当力求在刑事案件移送审查起诉之前，完成其附带

的民事公益诉讼公告程序。基于此，检察机关可以凭借其法律监督的职能身份，提前介入案件的侦查阶段，参与部分侦查工作，并致力于证据的收集、整理与固定。更为关键的是，要审查清楚可能发生的公益损害情况，以确定是否存在提起附带民事公益诉讼的必要。在这一过程中，最为重要的是要确保机关部门间的信息沟通协调顺畅，实现案件相关信息的实时共享。

案件发生后，侦查机关会率先介入案件的侦查工作。长期以来，我国公安部门极为重视且擅长对刑事犯罪的调查取证。在具体的案件调查取证过程中，难免会存在一些容易被忽视的公共利益受损的信息和线索。若相关部门间未能及时进行信息共享或通知不到位，可能会导致证据永久丢失，进而增加案件处理的难度，或扩大案件的负面影响。在此类案件中，一旦公安机关发现重要线索，应及时通知检察机关介入，以便检察机关能够及时收集与公益诉讼相关的证据，并进行预判。若发现有必要提起公益诉讼，应尽早发布诉前公告。

在具体的司法实践中，众多公益诉讼案件，特别是环境资源类案件，时效性至关重要。一旦错过最佳的取证时机，后期将难以补救。不同部门间的互通协作是办理此类案件的重中之重，加强彼此间的协作能够有效提升案件的办结质量和效率。

## 二、探索多元化的履行方式以保证最终公告效果

在当前的诉前程序框架下，检察机关主要通过公告的方式进行督促，然而，这一方式在实际操作中显现出一些局限性，例如督促的有效性有待提升，流程趋于形式化，且难以确保受众范围的广泛性。在具体执行过程中，各地区在选择公告平台及发布手段上呈现出差异性。针对上述问题，部分学者建议构建"互联网＋公益诉讼"平台，旨在实现信息的

全国性统一发布与高效交流,并加强对检察机关及相关组织的监督。①

确保诉前程序价值得以充分实现的核心,在于信息的公开透明与易于获取,确保信息覆盖全国范围,使适格主体能够便捷地获取相关信息。有学者主张,应采用"以公告为核心,辅以督促或建议"的多元化执行模式,以应对当前诉前公告督促效果不佳的现状。这一策略主张根据对象是否特定来灵活选择执行方式。②

在司法实践中,服务应在坚守原则的同时,采取灵活且适应性强的处理方式,以便更有效地达成既定目标。诉前程序旨在推动其他适格主体提起诉讼,可以借助全国信息平台来确保受众的广泛性,同时考虑案件的特殊性,在常规方式的基础上结合其他手段,如定向访问适格且具备能力的组织,通过直接询问或书面形式进行督促,对于法律规定的机关,可直接提出检察建议等,以期实现督促效果的最大化。

在《生态环境损害赔偿制度改革方案》中,明确了特定机关或部门的赔偿权利,若未认真履行,则可能承担法律责任。这一措施通过明确责任归属,促使相关机关更加审慎地履行职责,从而更有效地发挥诉前程序的功能。与国家机关的权责一致原则相比,社会组织享有对自身权利的处分权。实际上,检察机关的诉前建议对适格主体并不具备强制约束力。在确保程序有效性的基础上,应尊重民事主体的处分权,防止公权力过度介入私权领域。

---

① 王春花.公益诉讼诉前程序的功能定位与制度完善:以民事公益诉讼为例 [J].东南大学学报(哲学社会科学版),2018,20(增刊1):105-108.
② 杨雅妮.刑事附带民事公益诉讼诉前程序研究 [J].青海社会科学,2019(6):180-187.

# 第三节　案件规范的管辖以及审判模式的探索

## 一、探索新模式以化解管辖冲突

管辖作为诉讼程序的起始环节，对后续程序的顺畅进行具有至关重要的决定作用。在现行级别管辖与专门管辖规则的基础上，将诉讼标的额超出基层法院管辖范围的案件移交至中级人民法院进行管辖，此举有助于优化检察公益诉讼案件的管辖架构，确保被诉主体的程序性权利得到更为充分的保障。针对法律规范层面存在的冲突，应予以高度重视，并及时进行修正与调整，以实现法律规范的统一与协调，从而更有效地指引司法实践的发展。在管辖问题的解决上，可以主要依托基层管辖，辅以指定管辖与移送管辖，并增设管辖权异议制度，以有效破解当前的困境。①

在刑事附带民事公益诉讼，尤其是环境资源类案件中，鉴于环境的整体性与动态性特征，这类案件往往涉及跨区域问题。为有效维护公益，可以尝试打破人为划定的区域界限，并探索建立跨行政区划的法院与检察院。

## 二、七人审判庭的规范适用

在司法审判活动中，七人审判庭通过吸纳人民的理性判断，发挥了公众在事实认定中的积极作用，彰显了审判的民主性特征。七人审判庭中的人民陪审员采取随机产生的方式，且背景多元，这有助于确保审判

---

① 唐益亮.刑事附带民事公益诉讼的实践困境及破解路径 [J].公安学刊（浙江警察学院学报），2021（1）：72-82.

过程的公正性与公平性。人民陪审员的参与为刑事附带民事公益诉讼案件提供了丰富的社会背景与必要知识，有效避免了因法官专业知识局限可能导致的判决僵化或片面化。与三人审判庭不同，七人审判庭中的人民陪审员不参与法律适用的决定，他们主要负责参与事实与法律的区分，这有利于发挥各自的专业特长，使审判结果更加民主化与科学化。在刑事附带民事公益诉讼中，将七人审判庭作为一种通常性的原则性规范，有利于更好地保护公共利益。

### 三、对检察机关处分权的监督制约

在刑事附带民事公益诉讼过程中，检察机关的处分权是一个关键的问题。在诉讼实践中，检察机关并不享有公益诉讼案件的实体权利义务，而只是根据法律授权作为公益的代表，处于形式当事人的地位。

社会公共利益的概念具有公共性及整体性，不能随意损害或是放弃。从这个层面上来说，在刑事附带民事公益诉讼中，检察机关并不享有处分权。而从附带民事公益诉讼的本质属性上看，在此类案件中，处分原则不应完全被禁止，但应严格规范其适用的条件。

在刑事附带民事公益诉讼中，和解与调解有利于实现受损的社会公益得到及时的救济和补偿，也有利于实现案件的有效分流，显著地节约司法资源。从这一角度进行考量，一定的处分权有其存在的必要性。需要注意的一点是，某种程度的让步是为了产生更多的效益及得到更佳的效果。凡是涉及调解的行为，就一定会有一方让步或是妥协，这时就要做好相应的监督工作，以规避对公共利益造成不必要的损害。一旦出现损害公共利益的情况，调解行为应立即停止。

调解结果可通过制作调解书的形式向社会进行公告，以此来有效限制检察机关的不当处置。其他国家也有类似的司法实践，如巴西的"行为整改承诺"，侵害一方如不履行其所承诺的时间时，适格主体可向法院申请强制执行。

在法制条件允许的情况下，可参考调解相关的法律规范，对调解适用的情景和方式进行严格规范，同时限制调解所适用的场景。若非必要情况则不适用，而一旦适用，就应加强对其的监管力度，规范权力行使的方式，对检察机关的处分行为进行严格的监督和制约。另外，在调解过程中，应有具有专业知识的人参与其中，以保证调解过程中处理一些特殊问题的科学性和专业性。

# 第四节　构建刑事附带民事公益诉讼的证据体系

## 一、提升调查取证工作机制的针对性与全面性

　　刑事附带民事公益诉讼包含刑事犯罪和民事犯罪，办案人员应当尽可能全面地收集这两方面的证据与信息，以便满足检察机关的诉讼所需。从很大程度上来说，刑事犯罪与民事犯罪的证据彼此关联，相互间有着紧密的促进作用。妥善而充分地利用好刑事与民事的证据，使用好两种类型犯罪证据间的互通性，有利于两大诉讼规则间的互补，能够极大地减轻检察机关的举证压力。[①]

　　一旦发现有任何公益诉讼线索时，可及时通知检察机关提前介入调查，这对于侦查活动来说，可有效指引调查取证的方向。公安机关应当放弃固有的办案思想及刑事案件优先处理的思维，对于所发现的公共利益受到损害的情况，应及时着手进行调查，立刻开始收集相关证据。

　　如今，在具体的司法实践中，公益类的诉讼案件正处于急速增长的阶段。公安机关可以组织和开展各种形式的技能培训，并配以专业的设备和工具，以助力取证工作顺畅开展。检察机关需要注意的一点是，及

---

① 林鹏程.环境公益诉讼的民刑交叉程序法律问题研究：以检察机关提起环境刑事附带民事公益诉讼为例 [J].广东开放大学学报，2019，28（5）：57-62.

时对案件证据进行合法性和客观性进行全面审查，以防只追求办案效率和结案率而应付敷衍。

刑事附带民事公益诉讼应当着重提升效率，力求最大化调查效率，并聚焦于必须查明的事实要点。在法治建设方面，亟须加快完善刑事附带民事公益诉讼的程序及相关实体法律，以提升证据的使用效率和转化效能。相关法律应进一步明晰并细化证据证明的规则，以增强刑事与民事两大证据体系之间的内在联系与一致性。

在司法实践中，证据收集工作需聚焦于几个关键领域，着力提升办案人员在食品安全、药品安全、环境资源等核心领域的专业知识素养。例如，在刑事案件中，对于那些虽无法证明犯罪但能够证明民事侵权的证据，也应及时予以收集。检察机关需提高对公益诉讼案件的敏锐度，重视证据的时效性，并进一步强化民事责任部分的证据收集与调查工作。[①]根据机构自身实际情况，检察机关可考虑设立内部的专业评估机构，以强化其专业能力。

## 二、构建刑事附带民事公益诉讼证据共享平台

检察机关应当充分利用各方资源，全面且细致地收集案件证据，并深入开展调查工作。由于刑事附带民事公益诉讼涉及多个部门，检察机关内部的不同机构或部门应当加强协作，实现案件信息共享，并通过多部门联动机制，不断完善证据链条，提升证据呈现的能力。在案件处理过程中，检察机关应尽早介入，对案件中的民事公益诉讼部分进行详尽的取证与调查。特别是在需要公安机关配合的情况下，应详细制定证据清单，明确具体的取证要求。

针对不同领域的民事公益诉讼，检察机关应根据案件特性，对取证

---

① 时磊.检察公益诉讼办案中存在的主要问题和解决路径 [J].中国检察官,2020( 15): 61-66.

工作进行相应规范。在司法实践中,检察机关可以通过建立公益诉讼联席会议的缺席参与机制和跨区域检察机关的联合办案机制等措施,形成保护公共利益的协同效应。

检察机关应当充分利用外部的专业资源,与各类科研单位合作,共同建立数据共享平台,构建完备的检察公益诉讼技术支持体系。借助技术优势,检察机关能够更有效地与专家协同合作,优化案件的处理流程。例如,在处理涉及时间跨度长、跨区域的环境资源损害案件时,需要利用卫星遥感技术和国家环境监测网的数据进行调查取证。

## 三、推动证据认定与评价的规范化与专业化

刑事附带民事公益诉讼案件会涉及大量专业知识,且这些知识的广度与深度有时也不同于一般的专业知识。检察机关在办案过程中,有必要借助外部资源和力量来协助调查或处理案件信息。

相关专家的意见,虽然并不属于法定的证据种类,但其在具体的实践中,可发挥弥补鉴定价值缺陷的作用,经过质证后的专家意见,可作为案件的证据,这种方法在司法实践中具有一定的可行性。[①]

专家对其研究的专业和领域具有丰富的实践经验,通常对相应案件中的专业问题,都有独到的见解与深入的认知。专家通过参与公益诉讼,配合案件审理,完成相关的事实的认定,对于刑事附带民事公益诉讼,发挥着举足轻重的作用。

检察机关与行政机关可以推广建立广泛的合作,如建立公益诉讼司法鉴定联合实验室,吸引相关方面的专业人才,最大限度发挥检察机关与行政机关两大机关各自的优势,为刑事附带民事公益诉讼案件的办理提供最全面的司法鉴定支持。但要保证司法实践成果。相关部门可出台

---

① 时磊.检察公益诉讼办案中存在的主要问题和解决路径 [J].中国检察官,2020(15):61-66.

相关规定，将实际的操作问题作进一步具体化和明确化，整体流程的规范化运行与流程的设置初衷才能更顺畅实现。

检察机关还需要提升自身的专业能力，可通过开展课题研究、定期培训、课题调研等方式加强学习。在案件办理过程中，及时总结典型案件的经验同样重要。检察人员还要对其他领域的内容保持一定程度的思考，尽可能地接触各个领域、行业等的知识和信息，以不断丰富和加强自身的专业化水平。另外，检察人员应从诉讼请求的需求出发，构建自身的证据支撑，并以目标为导向，思考案件所涉及的各类问题。

办案过程的规范化和专业化还包括检察机关在履职办案过程中，要配备必要的办案工具及设备，加强这部分经费的有力保障是提升案件办理专业化、提升结案质量的一项基本举措。[①]

## 第五节　细化刑事附带民事公益诉讼的责任承担

### 一、根据案件具体情况合理确定被告责任内容

在刑事附带民事公益诉讼的过程中，检察机关应对案件进行深入的剖析，基于科学且合理的评估鉴定，明确被告的责任范围及其程度。这一做法确保了诉讼请求得到充分的支撑，也符合将被告的违法犯罪行为与相应的法律处罚相匹配的要求。

检察机关可以组建专业团队，对案件的合理性进行全面且系统的论证。在此过程中，需特别注重团队内部的分工与合作，充分利用团队成员的专业技能，并可根据需要适时引入外部专家，以实现对被告责任内容的科学化与合理化认定。

---

① 高杰.检察公益诉讼制度若干问题思考[J].法治研究，2021（1）：13-21.

检察机关应前瞻性地确定被告的责任承担方式，以提高处理类似案件的效率。在刑事附带民事公益诉讼案件中，金钱赔偿等经济补偿请求并非总是首选，所有诉讼请求的核心目的均在于恢复和补偿受损的社会公共利益。①

在责任形式上，存在两个值得改进的方向。鉴于公益诉讼保护的是不特定多数人的利益，可以考虑将精神损害赔偿纳入责任承担方式之中，以增强案件的警示与宣传效果。例如，在侵害英雄烈士名誉权或生态环境损害的案件中，均可提出损害赔偿的请求。②赔礼道歉在恢复受害者利益方面的实际效果相对有限。从公众的态度与情感以及社会治理的需求出发，引入精神损害赔偿是对此类犯罪行为的一种有效打击手段，对公益诉讼实践具有重要意义。

在特定领域，如食品药品安全领域的典型案件中，检察机关可以对被告施以惩罚性赔偿。尽管被告可能对惩罚性赔偿提出异议，但鉴于案件造成的严重后果，法院通常会支持检察机关的惩罚性赔偿请求。考虑到食品药品领域案件的严重危害后果以及对人民群众生活与工作的重大影响，惩罚性赔偿是严厉打击此类犯罪行为的有力举措。类似地，环境资源审判领域的案件也应适用惩罚性赔偿，以满足人民群众对生态环境保护的期望以及现实的治理需求。

## 二、在保护公共利益时保障被告权利

在刑事案件中，没有缺席审判的规定，这意味着被告人享有充分的答辩权利。在具体的司法实践中，当事人在诉讼程序上的权利应当得到充分的保障。在保护实体权利方面，其中的民事部分应当得到关注，不能简单地由于被告涉及了刑事犯罪，而忽视其应当承担的民事部分的责任。

---

① 胡巧绒，舒平安．刑事附带民事公益诉讼运行实证观察 [J]．犯罪研究，2020（3）：88-105．

② 高杰．检察公益诉讼制度若干问题思考 [J]．法治研究，2021（1）：13-21．

检察机关在对被告进行处罚时，若被告积极承担民事责任，并履行修复和赔偿责任，则检察机关可以适当考虑对其刑事部分的量刑，此项举措符合宽严相济的刑事政策要求，这也有利于被告人刑事责任与民事责任的平衡与协调。平衡和协调公益诉讼案件时，不应因同一事实对被告进行两次处罚，但更不应因不同的责任类型而严苛地要求被告的责任。

公益诉讼中蕴含着对弱者的保护，检察机关要推进公益诉讼，其所涉及的领域应更丰富，这是处理刑事附带民事公益诉讼案件的必要原则。例如，普通人在个人信息领域由于无法与科技相抗衡，因而是重要的受保护的群体。在此，需要注意的是，检察机关应当严格规范公益诉讼的标准，不能模糊化公共利益，而要明确地规范公益诉讼的类型及适用情况。若不规范地或是随意地提起公益诉讼，则很可能侵害被告人的权益，这将损害公检法机关的公信力，进而对今后的司法实践更是一种较大的影响。

社会不断向前发展，人们的思想观念也发生重大变化。从传统的"以罚止罪"的社会治理方式发展到现在，开始注重案件的源头治理与防范。近些年，认罪认罚从宽制度越来越受到社会的关注。社会更重视被告人的悔罪态度以及自愿改正的意愿，在被告人的配合下，案件的刑事程序将会运转得更高效，司法资源的配置也将更加合理、优化。这种社会治理的方式就是一种维护社会公共利益的表现，也是刑事附带民事公益诉讼高效利用司法资源的一种体现。

刑事附带民事公益诉讼在确定被告的刑事责任时，就暗含了其侵害社会公共利益及其所造成损害的赔偿责任。公益诉讼的根本目的就是及时修复和补偿受到损害的社会公共利益，而通过刑罚的方式激励被告，让其更积极地承担起赔偿或修复公共利益的责任，以期快速地减少或消除所造成损害的严重程度，其中有诸多益处。

在具体的司法实践中，检察机关也在积极地探索新的方式或行为。江苏省某地一检察院，运用其公益诉讼检察的职能，尝试"认罪认罚认赔"的刑事附带民事公益诉讼的新模式。该检察院在公益诉讼前进行督改工作，在实践中证明了两大制度结合所产生的积极效用。

最高人民检察院对诉前督改的新模式持积极肯定的态度。"认罪认罚从宽包含了'认赔'"[①]，不管从法理还是从司法实践中，将检察机关提出的赔偿责任并积极履行作为对被告从宽量刑的一个重要考量，这项举措不仅能够实现两大制度的价值与意义，也能实现保护与惩罚的双重目的。从本质上来看，该举措是对被告人权利的一种有效保护。

### 三、检察机关全流程的参与诉讼并发挥实际作用

#### （一）调查取证

检察机关参与诉讼全流程，需要先从调查取证工作开始。刑事案件中的一些证据适用于民事公益诉讼。附带民事公益诉讼虽在形式上为附带属性，但其实质是独立存在的，检察机关需要进一步完善民事部分的证据。在办理刑事附带民事公益诉讼时，检察机关要将重点放在调查取证上，以此有力地支撑自己的诉讼请求。

检察机关需要查明的内容包括公共利益是否受到损害，其受到损害的程度及实际情况如何，损害结果与相关行为之间的关联性是怎样的，嫌疑人所应承担的责任及其能力情况如何等。

#### （二）审查起诉

审查起诉工作是检察机关处理案件的一项重要工作内容。检察机关要严格把控诉讼端口，同时要谨慎地做出决定，判定案件是否有必要移送法院进行裁判。检察机关的审查工作包括诉讼请求的凭证、公共利益受到损害的情况、侵害人的责任等。检察机关应当重视案件办理的质量，

---

① 王冬.最高检：把体现人民至上的民法典落到"四大检察"中[EB/OL].（2020-06-03）[2024-09-23].https://www.spp.gov.cn/spp/tt/202006/t20200603_464065.shtml.

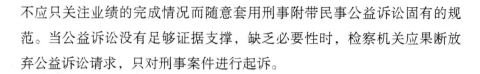

不应只关注业绩的完成情况而随意套用刑事附带民事公益诉讼固有的规范。当公益诉讼没有足够证据支撑，缺乏必要性时，检察机关应果断放弃公益诉讼请求，只对刑事案件进行起诉。

### （三）释法说理

检察机关在提起案件起诉时，要有扎实、详尽的事实证据及明确的法律依据。特别是检察机关在对犯罪嫌疑人提起诉讼时，应当告知其起诉理由和依据。在起诉书上及庭审过程中，检察机关要对每一项做法阐明理由，拿出明确的依据。

检察机关除对案件提起诉讼、处理案件等责任外，在案件的调查取证和辩论环节，还肩负着普法教育的责任。鉴于此，检察机关应当不断加强自己说理释法的能力，在案件的调查和审理的过程中，自觉地承担起该项责任，并通过公开庭审的过程，提升案件的法治效果。

### （四）跟进执行

公益诉讼的目的是要及时修复和弥补受到损害的公共利益，而案件判决执行是否到位就有着至关重要的实际意义。检察机关自身职能的发挥不应仅限于得到案件的判决结果，而应及时跟进判决后的实际执行情况和执行效果，否则，便违背了设置刑事附带民事公益诉讼的初衷。公益诉讼事关重大，检察机关的执行监督工作不仅针对执行部门，也针对被执行人。与处理一般案件不同的是，检察机关在处理公益诉讼案件时，还有额外的监督权限，即对案件判决后的一系列情况承担监督工作。

# 第八章 刑事附带民事公益诉讼的理论前瞻

## 第一节 附带民事公益诉讼的调查取证

### 一、民事调查取证权的独立性问题

#### (一) 关于民事调查取证权独立存在性的争议探讨

在附带民事公益诉讼的语境下,关于是否需要赋予其独立的调查取证权,学术界与实践界均存在显著分歧。依据当前的诉讼程序架构,刑事附带民事公益诉讼案件中的事实探明与证据搜集工作,通常由侦查机关依循刑事程序执行,聚焦于定罪量刑相关的核心问题,并在证据链条稳固后,转交人民检察院进一步处理。若检察院经评估认为有必要提起附带民事公益诉讼,则可依据侦查阶段获取的证据材料为基础,构建诉讼框架。此流程下,附带民事公益诉讼往往直接借力于刑事侦查阶段所累积的证据体系,无须另行开展大规模的证据搜集活动。

基于此现实背景,部分观点认为,在附带民事公益诉讼中再行设立独立的调查取证权实属多余。此立场主要出于以下几个方面的考量。

其一，另行调查的紧迫性与必要性不存在。刑事附带民事公益诉讼虽涉及双重诉讼轨道，但核心侵权事实单一且明确，刑事诉讼对证据的要求严苛，侦查手段的专业性与高效性确保了案件事实的全面还原与证据的深度挖掘。再者，刑事侦查在证据搜集上的精准度与全面性，远非一般民事调查手段所能及。仅依赖刑事侦查成果，已能充分满足附带民事公益诉讼对案件事实与证据材料的需求，检察机关在民事公益诉讼领域内另行开展独立调查取证，不仅显得冗余，还可能造成宝贵的司法资源不必要之耗损。

其二，关于调查取证权的合法性质疑。附带民事公益诉讼的提起，紧密依附于刑事诉讼的推进轨迹，即在侦查机关将案件卷宗递呈至检察院后，相关民事公益诉讼的立案程序方得启动。在此之前，鉴于案件尚处于未决状态，检察机关对该案尚未正式取得法定管辖权，探讨其在此阶段享有调查取证权的合理性显得颇为牵强。即便检察院在接收案件后取得了管辖权，关于其是否有权要求公安机关进一步侦查或自行补充证据，法律层面仍不明确。这种制度性模糊，使得检察机关在行使职权时，面临是基于调查取证权还是法律监督权的两难抉择，从而在法理层面为赋予其独立调查取证权设置了障碍。

其三，潜在的程序连贯性挑战。鉴于附带民事公益诉讼与刑事诉讼的紧密关联性，后者在证据链构建与程序推进上占据主导地位。若检察机关被赋予独立调查取证权，或将导致两种诉讼体系间的程序脱节。更进一步，重复性的调查取证活动，无疑是对司法资源的一种无谓消耗，可能抬高诉讼成本，最终削弱刑事附带民事公益诉讼的整体效能。

另一种观点主张，检察机关在附带民事公益诉讼中理应具备调查取证能力，并应获得法律层面的充分支持与保障。此主张的理据在于，刑事与民事案件在证据评判标准上的差异，决定了证据搜集的路径与重点各有侧重。刑事诉讼所搜集的证据，未必能全面契合民事公益诉讼的特定需求，公益诉讼部门通常需另行搜集与侵权行为直接相关的证据材料。再者，民事公益诉讼中的证据搜集过程往往复杂多变，单纯依赖刑事诉讼的侦查成果，可能存在证据不足或遗漏的风险，进而影响诉讼质量的整体把控。独立调查取证权的设立，被视为保障诉讼公正与效率的关键一环。

**（二）民事调查取证权设立必要性的深入剖析**

本书秉持为附带民事公益诉讼确立独立调查取证权的立场，并倡导办案机构针对民事案件部分实施专项调查。此主张出于以下三个方面的深刻考量。

其一，刑事与民事调查取证方向的本质区别。如前文所述，刑事诉讼与民事公益诉讼在证据认定标准与调查取证方向上存在显著差异。刑事诉讼聚焦于定罪量刑，其证据收集紧密围绕犯罪构成要件展开，旨在确立刑事责任。民事公益诉讼的调查取证则旨在修复受损的法律关系，并清晰界定法律事实，其关注点涵盖行为、损害结果、因果关系等民事责任构成要素，与刑事责任构成存在本质不同。诚然，刑事侦查以其高效、精确及强制性优势，在多数情形下能满足民事公益诉讼的证据需求，但因此全面否定民事公益诉讼独立调查取证权的必要性，则显得视野局限，忽视了两者在证据搜集层面的根本差异，可能损害诉讼质量，引发对司法公正性的合理质疑。

虽然刑事诉讼所搜集的证据多数情况下足以规避民事调查程序的重复进行，但这并不构成制度上取消民事调查取证权的充分理由。应当认识到，民事调查取证权虽然可能长期处于备用状态，但在特定情况下，其启动对于确保案件处理的全面性与公正性至关重要，是司法制度不可或缺的一环。保留并适时运用这一权力，是维护司法公正与效率的必然要求。

其二，关于民事调查取证权正当性的探讨。在民事公益诉讼语境下，检察机关享有调查取证权力是法律赋予的明确职责，其争议焦点实则是公安机关在侦查阶段是否应同样被赋予此权力。此争议部分源自对刑事附带民事公益诉讼性质的误解，即将民事部分视为刑事部分的附属品，进而错误地认为在刑事侦查未终结并移送检察机关前，民事部分的调查取证工作也应暂停。附带型诉讼的精髓在于诉讼提起与审理的并行不悖，而非调查阶段的必然同步。在刑事附带民事诉讼中，检察机关虽然主导刑事部分，但民事证据的搜集、起诉及审判参与多由民事当事人承担。当两者均由检察机关负责时，易产生案件必须整体交付检察机关的误解。实际上，检察机关可基于已有线索，在刑事侦查证据未完全移交前，对公益诉讼立案并启动调查，此类调查取证行为可随刑事诉讼一并提起。至于调查线索的获取，检察机关可通过监督侦查活动加以实现。一旦侦查活动告一段落，公安机关移送起诉后，检察机关进行的补充调查则明确属于其调查取证权的范畴。

其三，调查取证权对于提升办案质量及诉讼效率的关键作用。有观点认为，在刑事附带民事公益诉讼中限制独立调查取证权可维护程序统一性，但此举可能牺牲案件审理质量，进而影响司法公正。公正与效率作为诉讼追求的双重价值目标，在冲突时应以公正为先，作为诉讼的基石。诚然，独立的民事调查取证或致诉讼整体耗时延长，但从确保案件质量角度出发，此类时间成本是必要的。反之，证据调查不充分可能引发败诉、上诉乃至重审，从而增加诉讼成本，降低整体效率。公正对效率的潜在影响，实为民事公益诉讼中调查取证权不可或缺的内在逻辑。实践中，民事调查程序可与刑事侦查并行不悖，既不影响刑事起诉的及时性，又能在审查起诉阶段适时补充调查，确保刑事诉讼优先进行的民事公益诉讼也能在审理阶段顺利附带提起。

## 二、民事调查取证权归属的界定

### （一）民事调查取证权行使主体的探讨

在刑事附带民事公益诉讼的框架内，关于民事调查取证权的归属问题，虽非争议焦点，但仍有必要予以明确。鉴于附带民事公益诉讼的特有属性，检察机关作为唯一的办案主体，自然承担起民事部分调查取证的重任。依据《中华人民共和国民事诉讼法》的规定，人民法院在特定条件下亦享有取证权力。有观点主张公安机关可在刑事侦查过程中，应检察机关办理民事公益诉讼之需，参与民事证据的搜集工作，此举引发了关于公安侦查机关民事调查取证权合法性的讨论。本书聚焦公安机关在侦查阶段是否具备对民事公益诉讼案件进行调查取证的权限，并认为该权力应专属检察机关，公安机关不宜涉足民事程序，理由阐述如下。

1.公安机关职能的法定界限

探讨公安机关民事调查权之前，需强调任何国家机关行使权力均须以法律为依据，即权力的正当性源自制度的明确授权。即便某权力尚处于理论探讨阶段，也需法律基础作为支撑。公安机关参与刑事附带民事公益诉讼的合法性，可参见《中华人民共和国刑事诉讼法》对其刑事案件侦查权的明确规定，其职能严格限定于与刑事案件直接相关的活动范畴。公安机关之所以能在刑事附带民事公益诉讼中发挥作用，是因为其侦查职责及协助执行等已被法律明确界定。反观民事诉讼法律体系，并未授予公安机关进行民事调查的权力。尽管公安机关可在特定情况下为诉讼提供证据保全的协助，但其角色仅限于辅助性质，并非固定证据的主体，且与附带民事公益诉讼中的调查取证任务无直接法律关联。在刑事附带民事公益诉讼中，公安机关的职能应严格限定于刑事诉讼领域，其参与民事诉讼活动需获得法律的明确授权。

2.公安机关性质对民事调查取证权归属的制约

公安机关作为民事调查取证主体的潜在性，在法理层面面临诸多限制，这一情境与检察机关作为公益诉讼发起者的正当性考量存在共通之处。在民事诉讼的传统架构中，调查取证的主要承担者明确为两方：一是诉讼当事人，二是审判机关。此架构构建了一个稳固的三角关系，其中审判机关居中裁判，确保公正无偏，而双方当事人则处于平等的诉讼地位，共同享有收集与提出证据的权利。此等权利平等性根植于双方诉讼地位的平等性，且当事人所行使的是基于其民事主体地位的权利，而非公权力的直接介入。审判机关虽被赋予取证权力，但此权力的行使旨在特定法定情形下保障诉讼程序的顺畅进行，且其角色始终独立于诉讼双方之外。

在刑事附带民事公益诉讼的语境下，检察机关基于法律明确授权，作为诉讼一方参与，代表国家履行民事当事人的职责，因此享有民事调查取证权。被告方作为非国家机关，其诉讼地位已在一定程度上呈现出不平等性。若进一步赋予公安机关民事调查取证权，则意味着在原告方中再添一个公权力机关，此举无疑将加剧诉讼双方地位的不均衡，扩大诉讼力量对比的悬殊。检察机关在民事公益诉讼制度设计上的初衷，是力求在双方之间维持一种微妙的平衡状态，而公安机关的介入则可能打破这一平衡，侵蚀民事诉讼赖以存在的基本结构。

公安机关在实践中可能承担的调解民事纠纷、出具相关报告等职能，均属诉讼程序之外的行政职责范畴，不应视为其可正当介入民事诉讼的依据。例如，公安机关出具的交通事故责任认定书，仅作为当事人提起民事诉讼时的一种证据材料，其现场勘查行为也不是民事调查取证行为本身，而是当事人在诉讼启动后获取证据的一种途径。

3.公安机关工作负担的均衡考量

公安机关承担着维护社会治安的核心职责，其工作已承受相对沉重的压力。在执行严格的侦查任务之余，需审慎评估其工作负荷的均衡性，以避免任务过度集中而导致的效能下降。在已有其他更为适宜的调查取证主体存在的前提下，没必要额外增加公安机关的工作负担，以确保其能够高效、专注地履行其核心职能。

从公安机关的组织结构、技术配备及专业支撑角度分析，其资源主要聚焦于刑事领域，对于民事诉讼的程序规范、取证要点及责任构成要件的事实调查等方面可能缺乏深入了解与实战经验。这可能导致在民事取证过程中，公安机关难以充分发挥其应有的调查能力，甚至可能因对民事程序的陌生而降低取证效率与质量。

### （二）民事调查取证权之部门归属

鉴于刑事附带民事公益诉讼的特定需求，检察机关独立承担民事调查取证责任显得尤为重要。在检察机关内部，关于具体执行此职责的部门归属问题，尚需深入探讨。本书将进一步阐述在现有机制框架内及潜在改进路径下，哪一个部门更适宜承担民事调查取证的职责。

#### 1. 当前办案机制框架下的调查主体定位

在现行办案机制之中，公诉部门主要负责刑事附带民事公益诉讼的核心审判事务，而民事行政检察部门则专注于对该类公益诉讼的审查与起诉工作。在此背景下，民事调查取证权的配置应倾向于民事行政检察部门。此安排的合理性可从以下三个方面阐释。

其一，由负责审查的部门直接介入调查取证工作，能够显著提升案情明晰度与证据收集效率。民事行政检察部门作为附带民事公益诉讼的审查与起诉中枢，对案件证据的完备程度与事实认定的清晰度具有更为精准的把握，同时对证据缺口及需深入调查的领域有深入的了解。由该部门主导调查取证，能够精准对接案件需求，有效弥补证据链条中的薄弱环节，从而最大限度地保障民事调查工作的质量。公诉部门因其内部人员配置与工作重心的不同，可能在实现相同诉讼效果上存在局限。

其二，赋予民事行政检察部门调查取证的权力，能够显著增强附带民事公益诉讼的启动效率。当前框架下，民事公益诉讼案件线索多依赖于公诉部门的转移，此种方式易受主观因素影响，导致线索传递积极性不高，进而限制了附带民事公益诉讼的发起比例。而若民事行政检察部门被赋予直接调查取证的权力，则在公安机关侦查过程中一旦发现涉及民事侵权的线索，即可迅速与之建立联系，并直接介入调查，负责民事证据的搜集与事实查证工作。此举一旦通过必要的审查确认符合起诉条件，即可即时启动附带民事公益诉讼程序，从而有效提升案件处理效率，并确保检察机关在诉讼启动上的主动权。

其三，现行分工明确的办案机制要求调查职权得到清晰的界定与分配。当前制度设计将刑事与民事责任的调查处理职责分别交由不同部门承担。尽管公诉部门在此架构中扮演核心角色，但其职责范畴并不涵盖附带民事公益诉讼的相关调查取证工作。单纯基于公诉部门与侦查环节的紧密联系，就将民事调查取证权赋予公诉部门的做法，既不符合现行的办案机制逻辑，也有悖于部门职能的专业化分工原则。

2.合检办案模式下的调查部门分析

在合检办案模式的框架下，存在两种主要的配置模式：一是公益诉讼部门独立承担案件办理；二是民事行政检察部门派遣人员加入公诉部门，形成跨部门协作办案机制。对于前者，其显著特征在于调查取证权的高度集中，由公益诉讼部门作为唯一主体全权负责，确保了调查取证工作的统一性与高效性。后者虽然在组织架构上仍表现为单一部门主导，但实质上融入了跨部门协作的元素，由此引发了内部职责分工的考量。民事行政检察部门派遣人员的初衷在于强化统一指挥，促进部门间的顺畅沟通，进而减少因职能交叉而产生的摩擦，最终达到降低诉讼成本、提升办案效率的目的。

在具体实施层面，应采取精细化分工与紧密合作的策略。民事行政检察部门派遣的人员应被明确赋予负责附带民事公益诉讼相关工作的职责，包括民事调查取证任务。这一安排旨在确保在跨部门协作的框架下，各参与方能够各司其职，协同推进案件办理进程，共同实现合检办案模式的高效运作。

## 三、民事调查取证权的行使节点及范围

### （一）民事调查取证权的行使节点

鉴于刑事诉讼与附带民事公益诉讼之间复杂的衔接关系及多部门协同参与的特性，明确检察机关在何阶段行使民事调查取证权成为亟待深入探讨的议题。检察机关在侦查阶段及审查起诉阶段均可能需要行使此项权力。特别是在审查起诉阶段，若检察机关评估认为侦查阶段收集的证据不足以充分支持附带民事公益诉讼的提起，或案件事实尚不清晰，可选择暂不提起公诉，并自行对民事相关证据及事实进行必要的补充调查。此阶段调查取证权的行使时点相对明确，通常紧随检察机关作出补充调查决定之后启动，且应在刑事案件法庭辩论终结前完成，以确保不干扰刑事审判的正常进行。

尽管检察机关在公安侦查阶段有权根据案件需要提前介入并开展民事调查活动，但此举应视为一种例外而非常态。原因在于，民事调查取证往往作为对刑事侦查结果的补充手段存在，其必要性取决于刑事侦查结果是否足以支撑附带民事公益诉讼的审理需求。在侦查初期，证据尚未稳固，案件事实尚待进一步查明，此时贸然启动民事调查取证可能不仅浪费司法资源，增加诉讼成本，还可能对刑事侦查活动造成不必要的干扰。民事调查取证权的行使时点应基于刑事侦查的实际情况灵活确定，即在发现对附带民事公益诉讼具有重要影响的证据或事实遗漏时，检察机关方可适时介入，开展相关调查工作。

人民检察院在监督侦查活动的过程中，应秉持双重目标：既要确保刑事侦查的合法性与有效性，又要以推动附带民事公益诉讼的顺利启动

为目标，审慎评估所收集证据及查明事实的完整性，从而作出是否需要进行民事调查取证的合理判断。总体而言，检察机关应以审查起诉阶段的补充调查为主，同时保留在侦查阶段适时介入调查的权力，以全面、高效地保障诉讼程序的顺利进行。

### （二）民事调查取证权的范围

在探讨民事调查取证权的范围时，需从权力主体、权力行使对象及权力内容三个层面进行深入分析。鉴于前文已对权力主体进行了详尽阐述，下面将着重于权力行使的对象与权力内容的界定。

#### 1. 权力行使对象

民事调查取证权的行使对象直指案件的核心事实与关键证据。检察机关在行使此权力时，需明确界定其应调查的涉案事实与证据的范围。鉴于刑事附带民事公益诉讼的复合性特征，刑事与民事诉讼所围绕的事实基础具有高度一致性，证据材料也多相互重叠，仅在调查视角与侧重点上存在差异。在划定民事调查取证的对象时，既要确保能够满足民事诉讼的特定需求，又要避免与刑事侦查工作的不必要重复，以控制诉讼成本，提升司法效率。

检察机关在公安侦查阶段及审查起诉阶段均有权行使民事调查取证权。从案件事实层面来看，刑事侦查阶段往往能较为全面地揭示侵权行为的整体面貌。鉴于刑事与民事诉讼均建立在相同的事实基础之上，故在多数情况下，民事调查取证的需求相对有限。检察机关仍需将调查重点放在民事侵权责任构成要件中的过错与因果关系等要素上，这些要素在认定标准上与犯罪构成要件存在显著差异，可能未被公安机关在侦查过程中充分关注。

若民事调查过程中发现的事实与刑事侦查结果存在出入，检察机关应与公安侦查机关保持密切沟通，共同整合双方的调查结果，并对相关事实进行严谨甄别。在必要时，双方可联合开展进一步的调查工作，以确保案件事实的全面、准确与客观。

关于证据的调查取证过程，鉴于刑事与民事程序间证明标准的差异，两者所收集的证据特性往往有所不同。在侦查阶段，检察机关与刑事侦查机关在取证时应各有侧重，以确保证据的全面性与针对性。民事取证应避免对侵权行为、损害结果等已在刑事侦查中得到较为充分证明的事实证据进行重复收集，而应侧重于民事法律关系的清晰界定与民事责任的准确认定。以消费类刑事附带民事公益诉讼为例，取证工作应聚焦于生产和销售者是否存在欺诈行为、双方买卖合同关系的存在与否等对于民事责任判定具有关键意义的证据上。对于刑事侦查过程中可能未予关注，但对民事诉讼至关重要的证据，也应成为民事取证的重点。例如，在损害结果的调查上，刑事诉讼往往只需确定损失的大致范围以满足定罪量刑的需求，而民事调查则需进一步细化，收集具体数据以精确量化损失，为赔偿金额的确定提供坚实依据。

进入审查起诉阶段的补充调查时，检察机关应明确其职责范围，即仅针对附带民事公益诉讼中证据不足、事实不清的方面进行调查，避免对刑事侦查已明确的事实和证据进行无谓的重复劳动。若在此过程中发现与刑事侦查结果不符之处，应及时通知公诉部门，并通过法律监督途径要求补充侦查或由公诉部门自行处理。这一做法体现了民事调查权与侦查权之间的明确界限，要求民事调查部门不得擅自干预已完成的侦查成果，确保各自职责的独立性与专业性。在审查起诉阶段，民事调查取证的权限应严格限定于刑事侦查活动未触及或未充分查明的民事证据与事实之上。

2.权力内容

民事调查取证权的核心在于检察机关如何依法运用此权力以达成证据的有效收集与案件事实的清晰查明，这一过程涵盖多种具体措施与行动策略。检察机关的民事调查取证权主要体现在以下两个方面。

其一，关于证据资料的固定化。检察机关在此方面展现出若干独特的手段与方法，这与其在普通民事诉讼中原告角色的限制形成鲜明对比。检察机关能够向犯罪嫌疑人或附带民事公益诉讼中的侵权人发起询问，并将其关于案件事实的陈述直接作为诉讼证据采纳。这一做法在普通民事诉讼中往往难以实现，因为原告在庭审前难以直接获取被告的自述。对于侦查机关尚未固定的证据，检察机关有权采取扣押、封存等措施予以固定，这包括行为人的个人物品、财产等，其范围超越了普通民事诉讼原告的能力所及。再者，依据《中华人民共和国民事诉讼法》第六十四条第二款的规定，对于某些人民法院应当调查收集或当事人因客观原因难以自行收集并申请法院调取的证据，人民检察院在参与附带民事公益诉讼时，可自行收集并固定，无须依赖法院的协助，这反映了检察机关作为国家公权力机关在取证过程中享有的较高自由度与权威性。特别是在涉及国家有关部门保管的证据时，检察机关的查询权限远超普通当事人，彰显了其取证权力的广泛性与深入性。鉴于检察机关处理的民事公益诉讼案件旨在维护社会公共利益，其直接且自主的取证行为更显合理与必要，这与《最高人民法院关于适用〈中华人民共和国民事诉讼法〉的解释》第九十六条第三项中，关于公益诉讼案件中人民法院可依职权收集证据的规定相契合，共同体现了国家机关在保护社会公益方面的积极作为与责任担当。

其二，关于诉前保全措施的申请权。依据《中华人民共和国民事诉讼法》的明确规定，检察机关在参与民事公益诉讼时，享有向人民法院申请保全措施的法定权利。民事调查取证权，作为检察机关在案件处理中的一项重要职权，不仅局限于证据收集与事实查明，更在公安侦查阶段（民事公益诉讼尚未正式提起之际）为检察机关提供了申请诉前保全的合法依据。本书立场支持检察机关在侦查阶段就考虑并采取诉前保全措施，这一立场实则源于对民事调查权内涵的深刻理解，即其内在包含了在必要情形下申请保全的权能。

赋予检察机关在附带民事公益诉讼中的调查取证权，本质上也是对其在侦查阶段申请诉前保全的一种法律授权。此做法旨在促进调查与保全流程的有机融合，确保证据在关键时刻得以有效固定，防止因证据灭失或毁损而影响诉讼的顺利进行。通过及时的保全措施，检察机关能够更有效地维护证据的真实性与完整性，为诉讼程序的后续展开奠定坚实基础，进而更好地实现保护社会公益、维护法律秩序的诉讼目标。

## 第二节　刑事附带民事公益诉讼程序下的先行调解

### 一、刑民分离的情形及先行调解的条件

#### （一）刑民分离的三种情形

在刑事附带民事公益诉讼的语境下，刑民分离现象指的是因法定缘由所致，刑事程序或附带民事公益程序之一方遭遇否定或无法维持其正常运作状态，进而需采取替代性法律措施或启动独立程序以应对的诉讼态势。此状态往往预示着诉讼程序的终结或分化为两个相互独立的程序路径。依据《最高人民法院关于适用〈中华人民共和国刑事诉讼法〉的解释》第一百六十条与第一百六十一条，刑民分离可具体归结为三种典型场景及其相应的处理机制：一是人民法院判定被告人不构成犯罪时的程序应对；二是人民检察院撤回公诉后的程序调整；三是附带民事诉讼未在刑事一审中提起，而于二审阶段方始提出的处理方案。在此类情境下，刑事诉讼可能面临终结或另行安排，而法律规制则主要聚焦于附带民事诉讼的妥善处理。为充分保障当事人享有与案件性质相匹配的审判层级权利，并促进民事纠纷的高效化解，《最高人民法院关于适用〈中华人民共和国刑事诉讼法〉的解释》确立了优先进行附带民事诉讼调解的原则，仅当调解努力失败或不具备调解条件时，方转入后续处理程序。

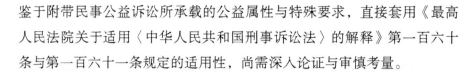

鉴于附带民事公益诉讼所承载的公益属性与特殊要求，直接套用《最高
人民法院关于适用〈中华人民共和国刑事诉讼法〉的解释》第一百六十
条与第一百六十一条规定的适用性，尚需深入论证与审慎考量。

### （二）附带民事公益诉讼中的先行调解条件

在刑事附带民事公益诉讼的框架内，鉴于案件的核心在于维护社会
公共利益，人民检察院在推进公共利益保护的过程中，其调解行为的展
开须遵循极为严格的条件限制。这些条件主要包含两个核心要素：一是
调解协议的内容必须确保合法性与自愿性，且绝对不得以牺牲社会公共
利益为代价；二是调解协议的达成必须经过人民法院的严格审查与确认，
唯经其认可后，方可制发调解书。在此双重条件中，人民法院的审查不
仅构成了调解实施的限制性前提，也是调解书得以出具的形式要件。故
而，人民法院的审查能力直接关系到调解协议的法律效力、调解程序的
启动合理性及其必要性。

人民法院在附带民事公益诉讼中对调解协议的审查，与其在普通民
事诉讼中的审查标准存在本质区别。在普通民事诉讼中，鉴于主要争议
点围绕私人权益展开，人民法院的审查往往侧重于确保协议内容不违背
国家、社会及他人之合法权益，同时符合自愿原则，而无须深入探究当
事人间权利义务的具体分配，其审查过程多依赖抽象的法律判断。在附
带民事公益诉讼场景下，由于直接关联社会公共利益，检察机关与被告
人之间就民事责任与义务的安排无法全然依赖意思自治原则，而需确保
对受损公益的有效补救，同时避免对新的社会公益造成潜在损害。

为实现审查的精准性，人民法院必须深入掌握案件事实，对损害程
度及责任归属形成基本且准确的判断。由此可见，人民法院对案件事
实的把握深度，直接决定了审查过程的正当性，而审查的正当性又是调解
书能否出具的关键，进而影响先行调解程序的必要性评估。在探讨刑事
附带民事公益诉讼中前述三种刑民分离情形下的先行调解问题时，核心

在于判断人民法院是否已全面理解案件情况，并具备基于已认定之事实对调解协议进行有效审查的能力。

## 二、各情形下先行调解的运用

### （一）不构成犯罪时的先行调解

依据《最高人民法院关于适用〈中华人民共和国刑事诉讼法〉的解释》第一百六十条第一款的规定，当人民法院在刑事附带民事诉讼程序中判定被告人的行为不构成犯罪时，首要步骤是尝试对附带民事诉讼部分进行调解。若调解未能成功达成合意，则人民法院需将刑事与附带民事诉讼一并作出判决。在此特定情境下，人民法院通常已完成对刑事附带民事公益诉讼的全面审理，案件的核心事实已得到详尽查明，基于此，法院方能对犯罪构成要件进行明确判断。涉及的社会公共利益受损情况、损失的具体程度，以及如何通过有效补救措施最大限度恢复公益等民事案件的关键要素，也已被法院深入理解和掌握。

人民法院在此时已具备对调解协议进行全方位、实质性审查的能力，确保审查过程不是流于形式，而是切实关注协议内容的合法性、合理性和可行性。本书认为，在此阶段对附带民事公益诉讼采取调解方式解决纠纷是妥当的，且调解协议的审查应建立在对案件情况深入了解的基础之上。唯有当调解协议既不损害社会公共利益，又能有效实现补救目标时，人民法院方可出具调解书予以确认。这也合理解释了为何《最高人民法院关于适用〈中华人民共和国刑事诉讼法〉的解释》第一百六十条第一款规定，在调解未能成功的情况下，法院有权且有必要一并对刑事与附带民事诉讼作出判决，因为此时民事部分的事实基础已稳固确立，为法院直接作出判决提供了充分的依据。

### （二）撤回公诉时的先行调解

依据《最高人民法院关于适用〈中华人民共和国刑事诉讼法〉的解释》第一百六十条第二款的规定，当人民检察院决定撤回公诉后，人民法院应首先启动对民事诉讼部分的调解程序。若调解被认定为不宜进行或未能成功达成和解，人民法院则应引导当事人通过另行起诉的方式解决纠纷。在刑事附带民事公益诉讼中，撤回公诉的行为将直接导致公诉部分的诉讼程序终止，进而促使附带民事公益诉讼需独立进行后续处理。撤回公诉与认定不构成犯罪的决定在性质上存在显著差异，主要在于撤诉可能发生在案件未经充分实体审理之际，此时证据收集与主要事实认定或尚未完备，具体情形将依庭审推进状况而异。

人民法院在决定是否对附带民事公益诉讼实施先行调解时，应细致考量庭审的实际进展状况，并据此作出区分处理。尤为关键的是，在法庭辩论环节已告终结且案件基本事实已得到清晰查明的情境下，应优先考虑启动调解程序。刑事附带民事公益诉讼的审理工作已接近完成，人民法院已就案件核心事实，包括侵权行为、损害后果及责任归属等方面，形成了明确而准确的判断。若在此节点发生公诉撤回，人民法院应积极介入附带民事公益诉讼的调解过程，并依托已掌握的案情资料，对调解协议进行严谨细致的审查，以确保社会公共利益不受轻率处置，有效预防可能发生的进一步公益损害，从而满足出具调解书所需的法律标准与要求。

### （三）案件事实未清时的调解不宜先行

在检察机关决定撤回起诉的情境中，若人民法院对案件事实尚未形成充分的认知与认定，证据材料未全面展示并经历质证程序，且审判庭对案情的掌握尚处于初步探索阶段，人民法院不宜直接介入附带民事公益诉讼的调解过程。此决定基于以下考量：首先，调解的有效进行需以审判机构的充分支持和对案件事实的深入理解为基础，而在案件事实尚未明晰之际启动调解，难以保障调解结果的质量与公正性；其次，对调解协议的正当性审查要求审查者具备深厚的法律素养、公权力的有效支撑以及对案件事实的透彻了解，而在当前阶段，这些条件均难以满足。

至于是否可通过书面审理的方式，待进一步掌握案情后再行调解，本书认为，此路径并不可取。这是由于：其一，公诉撤回后先行调解的制度设计，旨在保障当事人审级权利的追求诉讼效率与司法资源的优化配置，而书面审理虽能加深案情理解，却不可避免地延长了诉讼周期，违背了快速解决纠纷的初衷，削弱了制度设计的合理性；其二，《最高人民法院关于适用〈中华人民共和国刑事诉讼法〉的解释》第一百六十条第二款明确规定，在调解不适宜的情境下，应引导当事人另行起诉，这强调了先行调解应以调解的适宜性为前提条件。鉴于民事公益诉讼的公益性质，其调解的适宜性本就受到一定限制，加之法院对案件掌握不足，若再通过耗时、耗力的书面审阅来弥补，无疑将进一步削弱调解的正当性基础。通过审阅方式予以补救在此情境下并不可行，人民法院此时不宜启动先行调解程序。

### （四）二审中提起附带诉讼时的先行调解

《最高人民法院关于适用〈中华人民共和国刑事诉讼法〉的解释》第一百六十一条所确立的原则指出，对于未在第一审程序中提出的附带民事诉讼，若于第二审阶段方始提出，二审人民法院有权且可优先考虑采取调解方式处理。若调解未能达成合意，则应引导当事人采取另行起诉的途径解决争议。在刑事附带民事公益诉讼的具体语境下，此规定面临显著的适用难题。原因在于，若附带民事公益诉讼直至二审阶段才被提起，二审法院往往尚未全面掌握案件的全部事实细节，甚至二审程序本身可能尚未正式启动，这极大地限制了法院对民事公益诉讼调解协议进行有效审查的能力，进而难以满足出具调解协议所需遵循的法律形式要件。

二审程序的本质目的在于纠正一审可能存在的错误，其审查焦点集中于事实认定的清晰性与判决的适当性，而非全面复审案件的所有事实。在二审阶段，法院的审理工作主要围绕上诉或抗诉理由的审查与判断展开，缺乏主动深入探究与刑事案件相关联的民事责任事实的驱动力。此背景下，若允许先行调解，则可能因审查资源有限而无法确保调解协议的质量，进而难以有效维护并监督社会公共利益。

刑事附带民事诉讼中，刑民程序的分离属常见现象，《最高人民法院关于适用〈中华人民共和国刑事诉讼法〉的解释》在规范此类诉讼时已充分预见并针对不同分离情形制定了相应的处理规则。鉴于刑事附带民事公益诉讼的独特性质，各审判机构在适用既有规则时，应秉持选择性适用的原则，确保在契合诉讼根本目的的前提下灵活操作。各审判机构需深刻理解并准确把握原则性要求，紧密结合案件实际情况，灵活而审慎地运用相关法律规范。

# 第三节　刑事附带民事公益诉讼惩罚性赔偿适用

## 一、刑事附带民事公益诉讼惩罚性赔偿制度的特征

在现代法律实践领域，特别是在刑事案件与民事公益诉讼交织的情境中，惩罚性赔偿制度彰显出其独特的双重效能。该制度不仅承载着法律惩罚与威慑的固有功能，更在食品药品安全等关键领域内，有效激发了受害者的维权动力，并对潜在的侵权行为形成了显著的约束效应。下面从两个方面深入剖析该制度在刑事附带民事公益诉讼中的适用性及其实效。

### （一）起诉主体的一致性

在刑事附带民事公益诉讼架构内，惩罚性赔偿制度的运用尤为显著。此机制要求行为人不仅要承担刑事责任，还需面对具有鲜明惩罚与威慑特性的民事赔偿责任。法律如此设计，旨在将两类责任整合于同一法律程序中处理，以此确保司法效率与效果的双重统一。根据相关法律解释，检察机关被明确为该类诉讼的唯一适格起诉主体。这一安排不仅凸显了检察机关在刑事案件审查起诉中的核心职能，也强化了其在维护社会公共利益方面的职责担当。检察机关通过双重角色的扮演，实现了刑事与民事法律诉求的高度融合，增强了法律的公共性与威慑力。

### （二）威慑与惩罚的双重强化

在食品药品安全领域，惩罚性赔偿制度被寄予厚望，旨在同时激励受害者积极寻求法律救济并有效遏制侵权行为的蔓延。尽管多数刑事案件能够通过充分收集证据达到追诉标准，进而对犯罪行为人进行定罪处罚，但对于那些遭受轻微损害的个体消费者而言，诉讼成本与预期收益之间的权衡往往成为其提起惩罚性赔偿诉讼的障碍，从而影响了其维权积极性。检察机关在刑事附带民事公益诉讼中提出的惩罚性赔偿请求，则因其规模化与专业性而更具优势。检察机关的介入为诉讼赋予了更强的权威性和系统性，有效提升了对不法经营者的威慑效果。通过类似公法手段的方式提出惩罚性赔偿请求，检察机关不仅能够有效惩罚违法行为，还能积极修复被损害的社会公共利益。

### （三）高度自由裁量空间的具体体现

在当前法律体系内，惩罚性赔偿制度在公益诉讼程序中的具体法律规范尚处于未明确状态，此现象自《人民检察院公益诉讼办案规则》将惩罚性赔偿制度纳入刑事附带民事公益诉讼程序以来尤为凸显。随着该规则的实施，全国各地相继启动了相关制度的试点项目，旨在探索其在实际操作中的具体应用。在此过程中，检察院与法院在惩罚性赔偿制度框架下，享有高度自由裁量权，此权限广泛覆盖多个核心领域，如惩罚性赔偿诉讼请求的提出条件、赔偿数额的计算机制、法院对请求的认可程度、调解的适用性，以及赔偿金的归属与分配等。

在惩罚性赔偿制度的执行过程中，检察院与法院在若干关键环节上展现出广泛的自由裁量能力。检察机关需依据个案具体情形，审慎评估是否达到起诉门槛，此过程涉及对案件事实的深入剖析及法律适用的精准把握，赋予了检察机关较大的裁量空间。

惩罚性赔偿的计算方式也是自由裁量权的重要体现。鉴于缺乏统一且明确的计算标准，各地法院在确定赔偿金额时需综合考量多种因素，如侵权行为的恶劣程度、受害者的实际损害、侵权行为对社会的广泛影响，使法院能依据案件特性灵活裁定赔偿数额。

法院对惩罚性赔偿请求的认可程度及调解的可能性，同样彰显了自由裁量的灵活性。法院需根据案件具体情况和社会公共利益的需求，权衡是否全力支持赔偿请求，并考量是否适宜通过调解手段化解纠纷，这一裁量权的行使既维护了法律的严肃性，又促进了社会关系的和谐修复。

关于惩罚性赔偿金的归属与使用，法院与检察机关需共同决定其分配方案及具体用途，此决策不仅关乎赔偿金的有效利用，还影响社会公共利益的深层次维护。在此过程中，自由裁量权的行使需严格遵循法律规定，并力求实现社会公共利益的最大化。

### （四）附带民事赔偿范围的拓展与深化

在当前法律架构下，食品与药品安全直接关联民众健康福祉，其相关违法犯罪行为所引发的后果，不仅局限于个体层面，更深刻触及社会公共安全的根基，造成广泛而深远的影响。此类行为在侵害个体身体健康时，也是对社会公共利益的严重侵蚀。鉴于此，惩罚性赔偿制度的实施与应用显得尤为重要，它为司法机关提供了强有力的法律工具，以应对食品药品安全领域的犯罪行为。

《中华人民共和国刑事诉讼法》第一百零一条明确界定了附带民事诉讼中受害人的赔偿请求权范围，即仅限于因被告人犯罪行为直接导致的物质损失。此规定虽有其合理性，但也显露出其局限性，即未能全面覆盖犯罪行为所引发的广泛社会与心理层面的损害。特别是在食品与药品安全犯罪领域，其影响深远，远非单纯物质损失所能涵盖，故而在处理此类案件时，仅聚焦物质损失的赔偿显然失之偏颇。

为有效捍卫社会公共利益，并提供更为周全的法律救济途径，《人民检察院公益诉讼办案规则》中特别引入了惩罚性赔偿制度，并赋予人民检察院在刑事附带民事公益诉讼中提起惩罚性赔偿请求的权限。此举不仅是对传统附带民事赔偿范围的一次重要突破，更是对食品药品安全犯罪法律应对力度的显著加强，彰显了国家对此类犯罪行为的坚决打击态度与零容忍立场。

在食品药品安全犯罪案件中，惩罚性赔偿制度的实施尤为关键。该制度通过向违法犯罪行为人施加超越常规赔偿标准的经济惩罚，旨在达成双重目标：一是对无视社会公共安全的行为人实施严厉惩戒；二是通过树立典型，对潜在违法者形成有效威慑。在强有力的政策支持下，惩罚性赔偿已成为司法机关维护社会公共利益、严惩犯罪行为的关键手段。

惩罚性赔偿制度的实施，不仅直接作用于行为人，对其经济利益造成显著影响，更通过法律的明确表态，修复了因犯罪行为而受损的社会公共利益。该制度的推行也进一步凸显了法律对公共安全，尤其是食品药品安全领域的深切关注，增强了公众对法律保护的信任感与安全感。

惩罚性赔偿制度在食品药品安全领域刑事附带民事公益诉讼中的应用，不仅成功突破了附带民事赔偿范围的传统界限，更显著提升了法律对社会公共安全的保护效能。其合理且有效运用，是对现有法律框架的宝贵补充，对于保障公共利益、强化法治国家建设具有不可估量的价值。

## 二、刑事附带民事公益诉讼惩罚性赔偿的意义

### （一）惩罚性赔偿的实施促进了诉讼效率的提升与司法资源的优化配置

传统刑事诉讼模式中，刑事与民事部分往往分别处理，此举不仅拉长了诉讼时间，还加重了司法机关的工作负荷。而刑事附带民事公益诉讼模式的创新，允许在刑事审判阶段同时提出附带民事公益诉讼及惩罚性赔偿请求，检察机关因此能够高效利用已在刑事审判中收集的证据，直接支持公益诉讼的诉求，从而避免了证据的重复提交与程序的繁复。此模式简化了法律流程，缩短了案件处理周期，提升了司法效率，并促使司法资源得到更为合理、高效的配置。在案件审理过程中，一体化的诉讼策略减少了冗余工作，使司法人员能更专注于案件核心，促进了司法资源的集中利用。惩罚性赔偿请求的提出加强了刑事诉讼对社会公共利益的维护力度。面对严重损害社会公共安全与利益的犯罪行为，惩罚性赔偿的实施不仅对行为人构成了更重的经济负担，实现了惩戒与威慑的双重效果，还彰显了法律对公共利益受损行为的零容忍态度。此举增强了法律的公正性与权威性，巩固了公众对法律的信任基础，为法律权威的树立与社会秩序的维护提供了有力支撑。

### （二）惩罚性赔偿在捍卫受损社会公共利益中的核心作用

面对食品与药品安全领域的持续挑战，社会公共利益的保护已成为司法机关工作的重中之重。在刑事附带民事公益诉讼框架下，惩罚性赔偿请求的提出，不仅旨在追究违法者的刑事责任，更通过要求其对受害者及受损社会公共利益进行经济赔偿，彰显了法律在维护社会秩序方面的坚定立场与强大功能。

惩罚性赔偿的设立，其根本目的在于运用法律手段修复因违法行为

而受损的社会公共安全。此赔偿机制不仅覆盖了直接受害者的损失补偿，还延伸至对受损社会公共领域的修复与强化。惩罚性赔偿通过向行为人施加超越常规标准的经济惩罚，既实现了对违法行为的直接惩戒与有效威慑，又向全社会传递了法律对损害公共安全行为零容忍的明确信号。

惩罚性赔偿还具备显著的预防效应。通过公开、严厉地处罚违法行为，该机制对潜在的不法分子形成了强有力的警示，有效遏制了类似违法行为的再次发生。这种法律威慑力是保护社会公共利益、营造良好法治环境及提升公共安全水平的重要工具。

在实际操作中，司法机关在处理食品与药品安全案件时，积极运用惩罚性赔偿手段，不仅增强了法律救济的实效性与广泛性，还提升了法律的公正性与权威性。此举不仅有助于迅速、有效地解决个案问题，还通过法律教育与公众参与的深化，提升了全社会对食品与药品安全重要性的认识，从而促进了社会公共利益保护水平的整体提升。

### （三）刑事附带民事公益诉讼制度对审判一致性的促进

刑事诉讼与民事诉讼，两者在目的、程序及关注点上存在本质区别。前者聚焦于对犯罪行为的惩处与社会公共安全的维护，而后者则致力于解决私人法律争议，明晰权利义务关系。这种差异使得同一案件在分别进行刑事与民事审判时，可能形成不同的法律评价与裁判结果，进而对法律的统一适用及公众信任产生不利影响。

为解决这一问题，刑事附带民事公益诉讼制度的引入显得尤为关键。该制度允许在同一刑事诉讼过程中，附带进行涉及社会公共利益的民事诉讼，由同一审判组织统一审理。此举不仅促进了案件事实认定与法律适用的协同，还通过共享证据、法律见解及事实判断，增强了审判过程的连贯性与逻辑性，有效缩小了刑事与民事裁判结果间的差异。

刑事附带民事公益诉讼制度具备提升司法效率与公信力的双重优势。通过减少法律判断上的冲突与不一致，该制度有助于避免后续的法律纷争与社会不满，维护法律的稳定性与权威性。它也促使法官在裁判过程中，更全面、深入地考量案件所涉的法律与事实问题，从而提升了判决的质量与精准度。

在具体实施层面，该制度要求法官具备跨领域的法律素养与灵活应变的能力，这无疑是对法官专业素养的一次全面提升。这种跨领域的司法实践，不仅加深了法官对法律体系的整体理解，也促进了法律适用技术的精进与创新。

刑事附带民事公益诉讼制度的实施，不仅是对传统司法程序的一次重要革新，更是提升法律一致性、公正性与效率的关键举措。它以其独特的制度设计，为解决复杂法律问题提供了更为统一、高效的平台，有力维护了法律的尊严与司法系统的公信力。

## 三、刑事附带民事公益诉讼惩罚性赔偿必要性

在刑事附带民事公益诉讼的架构之下，检察机关提出惩罚性赔偿诉讼请求，其背后蕴含深厚的理论基础与法律依据，具体阐释如下。

### （一）惩罚性赔偿请求的检察权配置法理基础

依据《中华人民共和国宪法》赋予人民检察院的法律监督机关地位，其承载着确保法律正确实施的重要职责，特别是在刑事诉讼领域。当检察机关在刑事诉讼过程中揭露损害社会公共利益的行为时，其有权依据法定权限，向人民法院提起刑事附带民事公益诉讼。《最高人民法院 最高人民检察院关于检察公益诉讼案件适用法律若干问题的解释》更是明确界定了人民检察院在公益诉讼中的核心使命，即运用其法律监督职能，坚决捍卫社会公共利益。检察机关在刑事附带民事公益诉讼框架内主张惩罚性赔偿，实则是其履行法律监督职责的直接体现，具有坚实的法理支撑。

### （二）惩罚性赔偿请求的诉讼实施权配置法理基础

鉴于食品药品安全等领域中，个别受害者因资源与能力所限，难以独自提起具有足够威慑力的惩罚性赔偿诉讼，也难以单独形成广泛的法律效应以遏制违法行为，检察机关的介入显得尤为重要。基于诉讼实施权配置理论，检察机关可借助诉讼信托机制，集中行使惩罚性赔偿请求权，此举不仅强化了法律的执行效能，也确保了在刑事附带民事公益诉讼中主张惩罚性赔偿的合法性与合理性。检察机关以其独特的法律地位与资源优势，能有效遏制不法行为，提升法律的社会影响力。

检察机关在刑事附带民事公益诉讼中提出的惩罚性赔偿诉讼请求，是根植于其法律监督职能与诉讼实施权配置理论的双重法理基石之上。这一做法不仅强化了法律对社会公共利益的守护，还通过法律手段积极促进了社会秩序的稳固与恢复。

### （三）刑事附带民事公益诉讼中惩罚性赔偿的恢复性司法理论基础

惩罚性赔偿作为一种法律实践，其核心在于要求违法者承担除直接损害赔偿之外的超额责任，这一制度设计在我国法律体系内占据关键地位，特别是在食品药品安全保护及市场秩序维护的法律架构中，其设立初衷在于超越传统法律救济的界限，追求更高层次的社会正义。

恢复性司法理论的核心思想在于通过法律与制度的精妙安排，促进受害者、社会与行为人三者之间的和谐与恢复。鉴于食品药品安全领域违法行为的广泛社会影响，其造成的损害往往超越了个体受害者的直接损失，波及更为广泛的社会公共利益。传统刑事损害赔偿机制，虽能在一定程度上弥补个体损失，却难以全面覆盖不法行为带来的社会层面的深远影响。

在此背景下，惩罚性赔偿的引入成为填补法律空白、强化法律效能的关键举措。通过让违法者承担超出实际损害的经济责任，惩罚性赔偿不仅加大了对违法行为的惩戒与威慑力度，更关键的是它促进了受损社会公共利益的实质性恢复。该赔偿方式还凸显了法律的预防与教育功能，通过公开的法律制裁，增强了公众对法律的信心，推动了社会公平正义的实现。

从恢复性司法的视角审视，刑事附带民事公益诉讼中的惩罚性赔偿，不仅是对传统刑事与民事赔偿体系的创新补充，更是一种深刻的社会与法律秩序恢复机制。它通过对行为后果社会影响的强调与修复，强化了法律在维护社会秩序与公共利益方面的作用，实现了法律教育与社会治理的双重目标。

在当前法律实践的进程中，正积极探索将惩罚性赔偿制度融入刑事附带民事公益诉讼之中，特别是在关乎民众健康安全的食品和药品领域。本书持论，此制度的引入对于维护社会公益、促进法治建设而言是不可或缺的一环。

食品和药品安全领域的侵权行为，其影响范围广泛且深远，加之受害者与经营者间信息不对称现象的普遍存在，使得受害者在维权过程中往往面临效率低下与赔偿额度有限的双重困境，进而削弱了其维权的积极性。这不仅映射出当前法律规范在该领域的局限性，也凸显了法律在遏制不法行为持续性方面的不足。为此，在刑事附带民事公益诉讼框架下引入惩罚性赔偿制度，实为一项适时的举措。该制度赋予检察机关在追究犯罪责任的同时也可提起惩罚性赔偿请求，此举不仅加重了违法者的经济负担，更在行业内树立了鲜明的警示与威慑效应，与刑事附带民事公益诉讼的宗旨及实践需求高度契合。此制度的实施，不仅是对既有法律体系的完善与补充，更是对法律执行力度与保护范围的有效拓展。它旨在构建一个更加全面、深入的法律效果框架，以确保社会公共利益获得更为坚实、有效的法律保障与恢复。随着该制度的逐步落实，法律对社会行为的规范与引导功能将得到显著提升，进而驱动整个社会法治环境的持续优化与进步。

在刑事附带民事公益诉讼的实践探索中，惩罚性赔偿制度的引入，其核心目的在于强化对违法行为的遏制能力，作为一种严厉的法律责任形式，其目的在于通过法律途径加大对违法行为的惩罚力度。现实操作反映出，在传统的私益诉讼领域内，惩罚性赔偿的实施并未能全面达成其预期的法律效果，特别是在遏制不法行为频发方面尚显不足。

鉴于当前惩罚性赔偿适用范围的局限性，有必要扩大其应用范围，特别是在处理大规模侵权事件时，确保能为广泛的受害者群体提供及时有效的法律救济。特别是在食品药品安全领域，受害者常因证据收集困难，如难以证明购买行为或健康损害与问题产品的直接关联，而面临举证难题，这往往导致违法者逃避应有的法律制裁。赋予检察机关在刑事附带民事公益诉讼中提起惩罚性赔偿诉讼请求的权力，利用其在调查取证方面的专业优势，可有效解决受害者举证困难的问题，从而显著提升违法成本，从根本上遏制不法行为。

目前，刑事附带民事公益诉讼中惩罚性赔偿的应用尚缺乏详尽的立法规定，存在法律基础不够坚实的问题。尽管如此，国内司法实践已在此领域进行了积极尝试，并积累了诸多宝贵经验，这些实践成果为立法完善提供了重要参考。立法机构应基于司法实践经验，明确并细化该领域的法律规范，填补法律空白，确保司法实践有法可依，从而更好地维护社会公平正义，实现各方利益的平衡。

惩罚性赔偿在刑事附带民事公益诉讼中的应用，不仅是法律手段对不法行为遏制能力的有效增强，也凸显了现行法律体系在不断完善和发展中的必要性。通过加大实施力度和完善立法，可以进一步提升法律的实际执行力，强化法律在维护社会秩序、保障公共利益方面的功能。

## 四、刑事附带民事公益诉讼惩罚性赔偿制度的可行性

### （一）刑事附带民事公益诉讼与惩罚性赔偿的制度功能存在一致性

在刑事附带民事公益诉讼的法律实践中，惩罚性赔偿制度的引入展现了高度的制度功能一致性。此诉讼形式的核心在于维护社会公共利益并打击违法犯罪活动，而惩罚性赔偿制度则兼具对受害者进行经济补偿与对违法者实施严厉惩罚的双重功能。当两者在实际操作中相互融合时，它们不仅通过公益诉讼程序有效补偿受害者的实际损失，还显著强化了行为人的法律责任，实现了对违法行为的强有力制裁。

刑事附带民事公益诉讼，作为一种独特的法律程序，其本质在于通过司法手段维护社会公共利益，特别是在食品和药品安全等关乎广大公众健康与安全的领域。惩罚性赔偿制度的引入，不仅局限于弥补受害者的经济损失，更侧重于通过施加额外的经济惩罚，提升法律对未来潜在违法行为的威慑力。这种惩罚不仅体现为经济上的重罚，更通过公开的司法裁决向社会公众传递出法律对违法行为的零容忍态度，进而发挥预防违法行为的积极作用。

将惩罚性赔偿纳入刑事附带民事公益诉讼范畴，极大地增强了法律的威慑力。此举不仅直接对当前的违法者构成经济和社会压力，还向潜在的违法者发出明确信号：任何侵害公共安全和利益的行为都将面临法律的严厉制裁。这种通过提高违法成本来遏制不法行为的机制，对于保障食品药品领域的安全至关重要，因为它直接关系广大消费者的生命健康权益。

刑事附带民事公益诉讼与惩罚性赔偿的有机结合，不仅提高了法律体系在处理公共利益案件方面的效率，也为我国法律制度的持续优化提供了宝贵的实践经验。此制度设计促进了法律正义与效率的双重实现，

特别是在处理复杂的公共利益案件时，确保了法律判断的公正性、一致性和稳定性，避免了个别因素对法律公正性的干扰。

### （二）在公益诉讼中引入惩罚性赔偿制度具有法律解释可行性

在食品和药品安全领域内，私益诉讼已构建起惩罚性赔偿的法律框架，此机制向公益诉讼领域的拓展，彰显了其在法律解释层面的可行性。尽管公法原则秉持"法无明文规定不可为"的理念，但《中华人民共和国民法典》第一千二百零七条及《中华人民共和国消费者权益保护法》第五十五条均明文赋予受害者在遭遇欺诈时请求惩罚性赔偿的权利。《中华人民共和国食品安全法》第一百四十八条第二款具体规定了食品安全领域消费者可向违规生产或经营者主张高额惩罚性赔偿的权利。上述条款共同构成了私益诉讼中惩罚性赔偿的坚实法律基础。

公益诉讼作为我国司法体系中的新兴制度，其核心在于维护更为广泛的社会公共利益。从法律演进的角度来看，公益诉讼与私益诉讼并非孤立存在，而是共同服务于保护社会价值的宏大目标，两者在价值取向上紧密相连。公益诉讼中探索引入惩罚性赔偿，是对既有法律制度适应性与发展潜力的展现，既契合了法律制度的基本原则，又根植于私益诉讼实践的深厚土壤。

在私益诉讼语境下，惩罚性赔偿旨在通过施加足够的经济负担于行为人，以遏制其未来可能的违法行为，并警示潜在的违法者。将这一机制引入公益诉讼领域，特别是在食品药品安全这一关乎公众健康的关键领域，意味着利用司法力量对危害公共健康与安全的行为实施更为严厉的制裁，从而增强了惩罚性赔偿的社会效能，强化了法律对公共利益的捍卫。

公益诉讼的兴起，旨在弥补现行法律在处理广泛社会影响及大规模公众利益受损案件时的不足。惩罚性赔偿在公益诉讼中的应用，确保了法律能够迅速且有效地回应公共利益的侵害行为，这对于构建法律威慑、

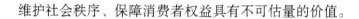

维护社会秩序、保障消费者权益具有不可估量的价值。

### （三）各地人民检察院积极探索惩罚性赔偿制度的适用条件与方式

在刑事附带民事公益诉讼的架构下，各地人民检察院已广泛且深入地探索了惩罚性赔偿制度的适用路径。在此过程中，最高人民检察院与最高人民法院发布的针对食品药品领域公益诉讼的指导案例及典型案例，为司法实务界树立了重要标杆，提供了宝贵的参考与指引。通过对这些司法案例的系统剖析，可以明确观察到，多数地方法院倾向于支持检察机关在此类诉讼中提出的惩罚性赔偿主张，此司法倾向已深刻影响整个司法体系的运作模式，从而有力验证了惩罚性赔偿制度在刑事附带民事公益诉讼中的实践可行性。

惩罚性赔偿的引入旨在强化对社会公共利益的捍卫。在食品药品安全领域，不法行为不仅侵害个体消费者权益，更危及社会公众的健康安全。将惩罚性赔偿制度纳入公益诉讼范畴，是对既有法律体系的重要补充与强化。通过实施更为严苛的经济制裁，不仅弥补了受害者的实际损失，更通过法律的惩戒效应，对潜在违法者形成有效震慑，从而预防未来违法行为的发生。

最高人民检察院与最高人民法院发布的指导案例及典型案例，不仅为地方法院树立了判例典范，还统一了法律适用标准与裁判逻辑。这些案例详细解析了惩罚性赔偿的适用条件及赔偿数额的确定依据，促进了司法裁判的公正性、预见性，确保了法律适用的透明性与一致性。案例的发布与应用促进了法律知识的传播与实践的规范化。这些公开案例为法律专业人士及社会公众提供了宝贵的学习素材与参考依据，增强了公众对法律适用过程的理解与预期，进而提升了整个社会对法律的信任度与依赖感。

惩罚性赔偿在司法实践中的广泛应用，凸显了法律适应社会变迁需求的灵活性。随着社会经济的发展与公民法律意识的普遍提升，传统法律制度面临诸多挑战。法律体系的不断完善与创新，特别是在社会公共利益保护领域的积极探索，显得尤为关键。通过持续的案例分析与法律实践，法律框架得以不断调整与优化，以更好地服务于社会公共利益的保护目标。

## 五、刑事附带民事公益诉讼惩罚性赔偿制度的完善

### （一）与行政机关协同联合进行多元化综合治理

通过现有案例能够看出，通常是由具有公权力的检察机关向相对弱势的主体进行主张。[①]法院更容易支持此类诉讼请求，但考虑减轻责任的情况较少，由此可知，在此类司法程序中，存在对相关责任要求更严苛的变动趋势。

在上述背景下，笔者发现一些被判决承担惩罚性赔偿责任的经营者并非都处于强势地位，多数情况下，被追诉者是相对弱势的群体。受到社会经验及其他因素的影响，相比消费者而言，这些经营者并非有强势的地位，在认识能力方面也并不比消费者更高。例如，在某人销售伪劣产品的案件中，被告人对自己所进货的口罩是否符合标准并不知情，并不知道其销售口罩的行为已构成犯罪。而司法机关在追诉上述行为人时，并没有考虑到案件发生背后的真实情况。有些经营者在主观上并非具有恶意，而是存在可减轻责任的情节。检察机关逐渐严苛的管理趋势并不利于维护社会公共利益，并且还有可能增加社会治理的风险。

在刑事附带民事公益诉讼的框架内，检察机关于提起惩罚性赔偿诉讼之际，应采取一种审慎、周详的态度。鉴于众多违法者并未占据市场的主导地位，检察机关应将审查重心偏移至那些主观恶意显著、社会波

---

① 黄忠顺，刘宏林.论检察机关提起惩罚性赔偿消费公益诉讼的谦抑性：基于990份惩罚性赔偿检察消费公益诉讼一审判决的分析[J].河北法学，2021，39（9）：75-92.

及面广泛的案件上。有观点明确指出，惩罚性赔偿制度的核心关注点应聚焦于那些具备充分理性计算能力的市场主体，此举旨在最大化该制度的惩戒与震慑效能。<sup></sup>此逻辑在于，理性的市场主体在决策过程中会细致考量成本与收益，当预期收益超越可能面临的赔偿负担时，其或有可能冒险跨越道德与法律的边界，以攫取超额利润。

反观规模较小的经营者或个体工商户，其业务范围多局限于满足日常消费者需求，其行为动机更多源自朴素的利益追求，而非高风险犯罪行为的驱动。若将惩罚性赔偿制度过度应用于此类小规模市场主体，不仅难以达成预期效果，反而可能对社会治理的和谐稳定造成不利影响。<sup></sup>

为解决此问题，建议构建一个全方位、多层次的综合性社会治理体系，以此作为维护市场秩序、保障社会公共利益的有效路径。该体系应兼顾法律的刚性与治理的柔性，确保在打击违法犯罪行为的同时也能促进市场主体的健康发展，实现社会整体福祉的最大化。

在刑事附带民事公益诉讼的实践中，鉴于多数案件线索源自行政执法环节，针对主观恶性低、影响范围有限且情节轻微的案件，采取行政处罚作为处理手段显得尤为合理。此举不仅契合案件特性，也使检察机关能更专注于其核心角色——法律监督机构的职能履行。检察机关作为公共利益维护的坚实后盾，通过监督行政执法活动，有效发挥法律监督作用，同时秉持谦抑原则，促进社会治理模式的多元化发展。<sup></sup>

行政执法部门在维护市场秩序方面展现出较高的效率优势，特别是在应对经营者轻微违法行为时，其特点尤为突出。行政处罚的优势：其一，它往往不依赖于实际损害结果的发生；其二，一般的违反行政管理秩

---

① 朱晓峰.论《民法典》对惩罚性赔偿的适用控制 [J].暨南学报（哲学社会科学版），2020, 42 (11): 62-77.

② 李森，陈烨.食品安全领域泛犯罪化思考 [J].政治与法律，2013 (7): 51-59.

③ 江必新.关于多元共治的若干思考 [J].社会治理，2019 (3): 5-15.

序行为即可触发处罚机制。[①]这种处理方式简便直接，对于社会公共利益损害较小的违法行为尤为适用。

行政执法部门还灵活运用行政提示、行政约谈、行政告诫等柔性执法手段，旨在及时纠正违法行为，在问题萌芽阶段消除潜在的食品药品安全隐患，防止问题恶化。[②]合作式行政执法与行政指导也被证明为有效策略，通过与合作对象的互动与指导，促进其合法经营，实现自我纠正与提升。

针对情节轻微、危害不大的不法经营行为，行政执法部门倾向于采取批评教育并责令限期整改的措施，而非直接移送检察机关启动公益诉讼程序。这种处理方式强调教育与预防并重，而非单纯惩罚。仅当违法行为再现时，方考虑将案件转交检察机关，采取更为严厉的法律措施。

此处理方式体现了对违法行为的精准分类施策，既减轻了检察机关的案件负荷，又确保了公共资源的合理配置。它促进了行政与司法资源的最大化利用，为公共利益保护提供了坚实保障。

检察机关在处理刑事附带民事公益诉讼时，应秉持审慎与谦抑原则，特别是对于情节轻微、影响有限的违法行为，应优先考虑行政执法部门的行政处罚及柔性执法方式。此举不仅优化了法律资源配置，也是推动公益保护与社会治理多元化发展的重要策略，有助于维护市场秩序，促进社会和谐稳定，同时巩固检察机关法律监督职能的核心地位。

## （二）明晰惩罚性赔偿责任的构成要素

在刑事附带民事公益诉讼的审理过程中，司法机构务必秉持严谨态度，详尽审查被告责任的构成。侵权行为的构成要件及其因果关系，可依托刑事诉讼程序得以明确。至于损害结果要件，鉴于食品药品安全违

---

① 张晓莹.行政处罚视域下的失信惩戒规制 [J].行政法学研究，2019，117（5）：130-144.
② 朱志梅.柔性执法与社会组织监管机制的创新 [J].河北法学，2014，32（2）：119-123.

法行为的广泛性与潜在危害，其不仅局限于个别受害者的实际损失，更应涵盖潜在的公共风险及社会秩序的受损。在确立惩罚性赔偿责任时，不应拘泥于该行为是否形成了实际损害结果。

关于主观过错要素，当前司法实践中存在一种倾向，即因行为人已构成犯罪而直接推定其应承担惩罚性赔偿责任，却忽略了对主观过错的深入剖析。国际上的惩罚性赔偿制度普遍要求侵权人具备故意或重大过失，此类过错往往体现为极端恶劣的行为模式。[①]《中华人民共和国民法典》关于产品侵权惩罚性赔偿的立法目的，也在于惩戒那些极端漠视他人生命财产安全、无视法律威严、主观恶性深重的行为。

据此，司法机构在处理刑事附带民事公益诉讼案件时，应着重关注以下几点。

（1）严格界定责任成立的法律标准：确保侵权行为、因果关系及损害结果等所有法律要件均得到充分且确凿的证明。在涉及公共利益广泛影响的案件中，尤需考量潜在风险与社会秩序的潜在受损情况。

（2）深化主观过错的分析论证：超越形式化的责任判断，深入剖析行为人的主观心态与行为动机。特别是在决定惩罚性赔偿时，应明确判定是否存在故意或重大过失，并综合评估其行为的社会危害性。

（3）强化惩罚性赔偿的正当性与合理性：确保惩罚性赔偿的额度与行为人的过错程度及其行为所造成的社会影响相称，避免过度惩罚现象的发生。

（4）构建综合性的评估体系：在责任判定过程中，融合法律、道德及社会价值观等多维度考量，确保裁判结果既符合法律规定，又体现社会公平正义。

（5）提升法律适用与裁判的透明度：通过增强判决的透明度与可预测性，增进公众对司法体系的信任与对法律公正性的认可，尤其是在处

---

① 税兵.惩罚性赔偿的规范构造：以最高人民法院第 23 号指导性案例为中心 [J].法学，2015（4）：98-108.

理具有广泛社会影响的公益案件时，更应如此。

上述措施的实施，将有助于提升刑事附带民事公益诉讼中责任判定的合法性与合理性，进一步巩固司法公正与法律的权威性，为有效维护社会公共利益提供更加坚实的法律支撑。

在司法实践的语境下，深入论证被告主观过错要件的重要性不容忽视。鉴于当前刑事附带民事公益诉讼中，部分被告群体为社会底层成员，此类群体与消费者之间并无显著认知差异，也不符合立法预设中相对于消费者处于优势地位的假定。鉴于其特定的社会与经济背景，其行为往往缺乏高度的预期可能性，故法律在归责时不应施加过分严苛的标准。

从法理学视角审视，针对社会底层人员的行为治理，应优先考虑行政手段，如违法行为警示与行政罚款等。此选择不仅基于行政措施在应对此类人群时的直接性和即时性优势，也体现了法律对不同社会阶层差异化处理的合理原则。仅当行政手段不足以遏制其违法行为时，方需进一步考察其主观故意状态，即是否明知行为违法而执意为之，此时方可考虑适用惩罚性赔偿等更为严厉的法律措施。①

针对在市场上相较于消费者处于优势地位的市场主体，如大型企业或专业服务提供者，其行为影响力更为广泛，故责任认定范围应相应扩大，涵盖故意与过失两种情形。鉴于此类主体在特定领域的专业知识与长期经营经验，其相较于普通消费者拥有更高的认知与预见能力，即便在过失情形下也应承担相应责任。市场主体应秉持高度的注意义务，若已经合理注意仍违法，则其行为可视为轻率或鲁莽，此种对他人权益的漠视应受到法律的严厉惩处。

法律对市场主体责任的划分及惩罚性赔偿的适用，旨在不仅制裁具体不法行为，更在于通过法律威慑，维护市场秩序与公正。司法机关在此过程中，应精确界定过失与故意的法律边界，确保裁判既彰显法律的

① 余艺.惩罚性赔偿责任的成立及其数额量定：以惩罚性赔偿之功能实现为视角 [J].法学杂志，2008（1）：143-145.

严肃性与权威性，又不失人性化与社会公平考量。

针对刑事附带民事公益诉讼中不同社会经济背景的市场主体，其法律责任认定及惩罚性赔偿的适用，应综合考量其社会地位、行为的社会影响及主观过错程度，以实现法律适用的严格与公平并重，进而促进社会的整体和谐与法治的稳固。

### （三）法律依据进一步完善并增设独立请求权

为了弥补行政执法能力的不足，并激发消费者参与监督、制止违法行为的积极性，法律体系已赋予消费者个人提出惩罚性赔偿请求的权利。[①] 当消费者诉讼意愿低落时，该制度可能未能充分发挥其设计初衷。鉴于此，本书主张，在公益诉讼框架下，惩罚性赔偿的功能应区别于私益诉讼中的请求权，其核心在于实现惩罚与威慑效应。惩罚性赔偿本质上需秉持类似刑事处罚的严谨性，严格遵循"法无明文规定不可为"的公法原则，确保不逾越法律界限，以维护当事人合法权益并巩固司法公信力。

在国际上，惩罚性赔偿制度普遍遵循严格的法定主义[②]，即仅当法律有具体规定时方可适用。这一做法符合《中华人民共和国民法典》第一百七十九条的相关规定，即惩罚性赔偿的实施必须依据法律的明确授权。在刑事附带民事公益诉讼中，检察机关提起惩罚性赔偿请求，必须严格遵循国家法律的既有规定，确保所有行动均在法律授权的框架内进行。

为进一步完善相关制度，本书建议在未来修订《中华人民共和国刑事诉讼法》时，明确赋予检察机关在刑事附带民事公益诉讼中提起惩罚性赔偿请求的权利。应通过详尽的司法解释，对惩罚性赔偿适用的前提

---

① 杨雅妮，刘磊．消费民事公益诉讼惩罚性赔偿的实践与反思：以 776 份判决书为基础的分析 [J]．南海法学，2022，6（3）：92-105.

② 马新彦，邓冰宁．论惩罚性赔偿的损害填补功能：以美国侵权法惩罚性赔偿制度为启示的研究 [J]．吉林大学社会科学学报，2012，52（3）：117-126.

条件、具体要件等进行清晰界定，包括适用场景、行为恶劣程度与社会影响的评估标准、赔偿金额的确定方法等，以确保法律执行的一致性与有效性。

法律修订与司法解释的制定需兼顾行政执法与司法程序的衔接，确保两者在维护公共利益上的互补性。检察机关在行使惩罚性赔偿请求权时，应优先考量其对公共利益的保障作用，而非单纯作为对违法者的惩处手段。这要求法律学者、立法者及实务工作者之间加强沟通与合作，共同构建既严格又具操作性的法律规范，以适应社会发展的多元化需求。

强化对惩罚性赔偿请求权的法律规制，明确其在公益诉讼中的适用条件与实施细节，是保障消费者权益、促进法治进步、维护社会公正与法律尊严的关键举措。通过此等努力，不仅能有效遏制和预防违法行为，提升违法成本，还能在更广泛的层面上促进社会的和谐稳定与法治环境的持续优化。

在我国司法实践中，刑事附带民事公益诉讼往往由同一审判组织并行处理刑事与民事程序，此模式可能引发被告因同一行为而承受多重责任负担，进而加剧其法律后果。[1]特别是在私益诉讼领域，法律赋予"消费者""受害人"等特定主体提起惩罚性赔偿诉讼的权利。若此类主体的诉求在私益诉讼框架内已获得满足，且对检察机关提起的同类赔偿请求未设合理限制，则可能导致被告面临惩罚性赔偿责任的重复承担，从而构成过度惩罚，有损法律公正。[2]

鉴于惩罚性赔偿与刑事罚金、行政罚款在功能层面的相似性，以及公益诉讼与私益诉讼在请求权行使上的并行不悖，立法时应对公益诉讼中惩罚性赔偿的适用持审慎态度。惩罚性赔偿应作为补充性措施，仅在公法责任（如刑事罚金、行政罚款）与私益赔偿均未能有效遏制违法行

---

① 孙效敏，张炳.惩罚性赔偿制度质疑：兼评《侵权责任法》第47条[J].法学论坛，2015，30（2）：70-83.
② 黄忠顺.诉讼实施权配置的基本范畴研究[J].政法论坛，2016，34（3）：72-83.

为时方予考虑。其根本目的在于剥夺违法经营者通过不法手段获取的财产利益，而非单纯增加其经济负担。

当刑事罚金或行政罚款等公法手段足以保护社会公共利益时，无须额外提出惩罚性赔偿请求。在立法层面，若拟增设独立的惩罚性赔偿请求权，必须明确界定其适用条件，确保该权利的行使严格遵循法定程序。惩罚性赔偿的适用应与侵权责任构成要件紧密关联，包括清晰界定客观行为、损害结果、主观过错及因果关系等法律要素，以保障法律适用的精确性与严谨性。

此法律框架的构建，旨在实现法律公正与效率的平衡，防止惩罚性赔偿的不当扩张导致法律效果失衡。通过明确惩罚性赔偿的适用范围与条件，能够在维护法律公正性的基础上，有效利用法律工具应对复杂的社会经济关系，特别是在处理涉及广泛公众利益的公益诉讼时，确保法律的严肃性、权威性得以彰显，同时兼顾被告合法权益，避免过度惩罚的发生。

### （四）综合研判责任大小以确定惩罚性赔偿具体金额

在法律实践中，界定责任的构成要件之后，紧接着需量化责任范畴，并据此精确计算惩罚性赔偿的具体数额。[①] 在国际法律体系中，为防范过度惩罚，普遍对惩罚性赔偿金额施加一定限制。[②] 例如，有的国家确定惩罚性赔偿金额时，综合考量多项因素：一是评估赔偿金与潜在或已发生损害之间的关联性；二是审视被告行为的可归责性、持续时间及其是否知情或故意隐瞒违法行为；三是分析被告行为的盈利能力及非法利益剥夺的必要性；四是兼顾被告的财务状况、诉讼成本以及是否已因该行为承受刑事处罚或民事赔偿，据此灵活调整赔偿金额。[③]

---

① 董春华.各国有关惩罚性赔偿制度的比较研究[J].东方论坛，2008（1）：119-124.

② 朱广新.惩罚性赔偿制度的演进与适用[J].中国社会科学，2014（3）：104-124.

③ 王利明.美国惩罚性赔偿制度研究[J].比较法研究，2003（5）：1-15.

我国在惩罚性赔偿金额确定上，对上述因素的全面考量尚显不足。本书建议，在确定惩罚性赔偿的基数与倍数时，应深入考虑以下关键要素。

（1）被告行为的可责难性：评估行为的严重性、故意程度及持续时间，以衡量其社会危害性。

（2）盈利性质与非法获利的剥夺：分析被告因违法行为获取的经济利益，确保赔偿金足以剥夺其非法所得。

（3）被告的经济实力：根据被告的财务状况调整赔偿数额，避免造成不合理的经济压力。

（4）历史违法记录与频率：考察被告是否曾有类似违法行为及其发生频率，以评估其行为惯性。

（5）已承担的法律后果：若被告已因此行为受到其他法律制裁，应适当减少赔偿金额，防止双重惩罚。

鉴于我国当前司法实践中惩罚性赔偿金额计算标准的缺失，本书倡导司法机关在公正、合理原则指导下，适度运用自由裁量权，结合具体案件事实与法律规定，综合判断赔偿金额。通过这一细化的考量过程，不仅能强化惩罚性赔偿的惩罚与威慑效果，还能确保赔偿金额的公正合理，防范法律滥用与不公现象。此举对于维护法律权威、提升司法公信力，以及促进社会的长远和谐与法治的稳固，均具有重要意义。

在处理群体性侵权案件时，代表人诉讼制度采取的是针对每位受害个体损失进行独立核算赔偿金的策略，其优势在于能够精确界定每位受害者的具体赔偿额度，并确保分配的准确无误。这一方法的适用前提在于受害群体数量的相对明确性。在刑事附带民事公益诉讼程序中，受害主体的广泛性与不确定性使得对每一受害个体损失进行个别计算变得不可行，故上述方法在此类案件中并不适用。

公益诉讼的核心价值不仅限于补偿受害者损失，更在于维护公共利益的完整与公正。在赔偿金额的确定上，需从宏观视角出发，结合司法自由裁量权，进行全面而综合的评估。鉴于此，立法层面应赋予司法机关相应的自由裁量权限，以便其根据案件具体情形灵活调整惩罚性赔偿金的计算基准与倍率。

在司法实践中，确定惩罚性赔偿金时，司法机关应综合考量违法者的主观恶意程度、行为的社会危害性以及该行为对公共利益的实际影响。可依据行政执法或刑事诉讼程序中已确认的事实，将违法者实际造成的损失或其通过不法行为获取的非法利益作为赔偿金的计算基础。

在设定赔偿金的倍率时，建议采用一个更具弹性的区间范围，如三倍至十倍之间。相较于固定倍率的刚性规定，这种设置能更有效地避免机械适用法律条款可能导致的赔偿金过高或过低问题，从而更贴近案件实际情况，确保惩罚性赔偿既具有足够的威慑力，又避免因赔偿金额不当而引发的法律效果失衡。

为充分保障被告的合法权益并遵循法律的比例原则，在计算惩罚性赔偿时，还应充分考虑被告的责任程度、减轻责任的因素以及其在减少损害方面的积极作为。对于表现出明显悔改态度且主观恶意较小的被告，司法机关应在自由裁量范围内适度降低其应承担的惩罚性赔偿金额。

### （五）完善惩罚性赔偿的最终归属及后续管理

在当前我国公益诉讼制度的框架下，关于惩罚性赔偿金归属与管理模式的探讨，在学术界与实务界引发了广泛而多元的观点交锋。一方面，有观点认为，尽管检察院作为刑事附带民事公益诉讼的主要起诉主体，但现行法律并未赋予其或人民法院保留惩罚性赔偿金的明确依据[①]；另一方面，有观点担忧将赔偿金上缴国库可能削弱其维护社会公共利益的核心效能。还有学者主张，避免将惩罚性赔偿金直接授予私人主体，而应

---

① 苏伟康. 公害惩罚性赔偿及其请求权配置：兼论《民法典》第1232条的诉讼程序[J]. 中国地质大学学报（社会科学版），2021，21（4）：41-55.

由行政机关或社会公益组织承担管理职责。[①]

　　本书认为，公益诉讼中惩罚性赔偿制度的核心宗旨，在于修复并强化因不法行为受损的社会公共利益。将惩罚性赔偿金纳入专门设立的社会公益基金进行统一管理，是契合制度初衷与现实需求的优选路径。

　　针对社会公益基金的构建，亟须制定详尽的法律规范，以明确基金的设立条件、管理机制及资金运用原则，确保基金运作的专一性和透明度。该基金应专注于修复因违法行为而受损的社会与环境资源，包括环境修复项目、生态保护举措及公共设施的恢复与改善。通过法律手段明确基金用途，可有效遏制资金滥用与挪用现象，保障惩罚性赔偿金能够充分发挥其社会公益效益。在基金管理层面，应构建一套科学、严谨的资金监管体系。可引入第三方监督机制，邀请非政府组织、专家学者及公众代表共同参与，以增强管理的透明度与公信力。基金的使用应实施严格的审批流程，每项支出均须附带详尽的项目说明与预期效果评估，确保资金精准投放于社会公共利益的恢复与提升领域。

　　为有效衔接消费者个人救济与公益诉讼，应探索建立专项机制，优先保障受害个体从基金中获得赔偿。此举不仅可以迅速缓解受害者困境，还能通过公告程序确保所有潜在受害者获得补偿机会。待所有符合条件的赔偿申请处理完毕后，剩余资金可进一步用于支持公共健康、教育及文化等社会公益项目，从而拓宽基金的社会价值边界。

　　将惩罚性赔偿金纳入社会公益基金管理，不仅是对违法行为的经济制裁，更是对受损社会公共利益的有效修复与补偿。此举有助于增强公共资源的恢复能力，提升社会整体福祉，最终实现惩罚性赔偿制度的长远目标与社会功能。

---

① 廖中洪，颜卉.消费公益诉讼中的惩罚赔偿问题研究 [J].学术探索，2019（1）：53-61.

# 参考文献

[1] 王瑞祺. 刑事附带民事公益诉讼研究 [M]. 武汉：湖北人民出版社，2019.

[2] 段厚省，高鹏. 环境民事公益诉讼基本理论研究 [M]. 上海：复旦大学出版社，2020.

[3] 李丽. 环境民事公益诉讼程序研究 [M]. 北京：中国政法大学出版社，2019.

[4] 秘明杰. 中国环保社会组织民事公益诉讼法律问题研究 [M]. 北京：中国政法大学出版社，2020.

[5] 项焱. 公益诉讼的理念与实践 [M]. 武汉：武汉大学出版社，2010.

[6] 刘学在. 民事公益诉讼制度研究 [M]. 北京：中国政法大学出版社，2015.

[7] 最高人民检察院第八检察厅. 最高人民检察院公益诉讼检察典型案例汇编 2022 年度 [M]. 北京：中国检察出版社，2023.

[8] 常怡主. 民事诉讼法学 [M]. 5 版. 北京：中国政法大学出版社，2021.

[9] 卞逸明. 基于流程重构理论提升检察环境刑事附带民事公益诉讼效率研究 [J]. 黑龙江生态工程职业学院学报，2024，37（5）：76-81.

[10] 孙国. 刑事附带民事公益诉讼中的食品安全惩罚性赔偿制度研究：以 628 份裁判文书切入 [J]. 北京政法职业学院学报，2024（2）：19-25.

[11] 杨慧琼，梁茂泉，黄婕.危害国家重点保护植物刑事附带民事公益诉讼之实践 [J].中国检察官，2024（6）：63-65.

[12] 向昉，闫伟，刘小飞，等.《秦家学滥伐林木刑事附带民事公益诉讼案》的理解与参照：确定被告人森林生态环境修复义务时，可以参考专家意见及主管部门出具的专业意见，被告人自愿交纳生态环境修复义务保证金的，可以将该情形作为从轻量刑情节 [J].人民司法，2022（26）：4-7.

[13] 洪潇潇，杨军.食品药品安全刑事附带民事公益诉讼惩罚性赔偿的司法适用 [J].山东法官培训学院学报，2022，38（4）：114-125.

[14] 天津市滨海新区人民检察院课题组.海上刑事案件附带民事公益诉讼程序的优化路径 [J].山西省政法管理干部学院学报，2024，37（1）：37-43.

[15] 谢小剑.论刑事附带民事公益诉讼诉前公告制度的废除 [J].法治研究，2024（2）：72-83.

[16] 戈治文，徐瑞.个人信息保护刑事附带民事公益诉讼的检视和完善：基于 157 份裁判文书的实证分析 [J].宜春学院学报，2024，46（2）：29-33，88.

[17] 钟三宇，郑怡馨.刑事附带民事公益诉讼"四要素"规则建构：以野生动物保护为视角 [J].社会科学家，2023（12）：99-104.

[18] 杨雅妮.环境刑事附带民事公益诉讼审理顺序的反思与优化 [J].河南社会科学，2024，32（2）：34-42.

[19] 李晓杰，管玉洁，张华锋.《李开祥侵犯公民个人信息刑事附带民事公益诉讼案》的理解与参照：人脸识别信息属于刑法规定的公民个人信息 [J].人民司法，2024（2）：4-7.

[20] 钟玺波，邓画文，彭钰琰，等.《罗文君、瞿小珍侵犯公民个人信息刑事附带民事公益诉讼案》的理解与参照：手机验证码属于刑法规定的公民个人信息 [J].人民司法，2024（2）：16-20.

[21] 党权，刘小飞，张华锋.《武汉卓航江海贸易有限公司、向阳等 12 人污染环境刑事附带民事公益诉讼案》的理解与参照：船舶偷排含油污水的性质与事实认定 [J]. 人民司法，2024（2）：44-46.

[22] 蒋莹莹，刘小飞，张华锋.《左勇、徐鹤污染环境刑事附带民事公益诉讼案》的理解与参照：纳入公私财产损失及生态环境损害赔偿范围的环境污染处置费用的认定 [J]. 人民司法，2024（2）：47-50.

[23] 卢少锋，李俊丹.电信网络诈骗刑事附带民事公益诉讼的理论逻辑与程序构建 [J]. 周口师范学院学报，2024，41（1）：91-98.

[24] 王衡，张式军，张洛.个人信息保护刑事附带民事公益诉讼程序衔接 [J]. 人民检察，2023（24）：96-97.

[25] 裴炜.论涉信息网络犯罪刑事附带民事公益诉讼：建构逻辑与调适重点 [J]. 中国政法大学学报，2023（6）：255-266.

[26] 农政朝，刘元见.刑事附带民事公益诉讼的实践检视与制度完善 [J]. 广西政法管理干部学院学报，2023，38（5）：111-120.

[27] 崔玮.回归理性：刑事附带民事公益诉讼案件范围拓展之省思 [J]. 河北法学，2023，41（11）：78-98.

[28] 孙睿，李川.论刑事故意与惩罚性赔偿故意的差异与衔接：以刑事附带民事公益诉讼为场域 [J]. 浙江工商大学学报，2023（5）：71-82.

[29] 聂友伦.刑事附带民事公益诉讼的理论反思 [J]. 安徽大学学报（哲学社会科学版），2023，47（5）：90-96.

[30] 郭小冬.检察机关提起刑事附带民事公益诉讼的实践争议及理论回应 [J]. 法律科学（西北政法大学学报），2023，41（5）：162-175.

[31] 高洁，张钊.撰写刑事附带民事公益诉讼出庭意见书应注意的要点 [J]. 人民检察，2023（16）：60-61.

[32] 王柏洪，王晓杰，马路瑶.青少年"两卡"犯罪中刑事附带民事公益诉讼的适用及完善路径 [J]. 预防青少年犯罪研究，2023（4）：52-59.

[33] 王智杰.刑事附带民事公益诉讼中调解的适用与展开 [J]. 常州大学学

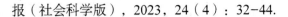

报（社会科学版），2023，24（4）：32-44.

[34] 张瑞雪，柯阳友.刑事附带民事公益诉讼适用调解的制度完善 [J].河北工业大学学报（社会科学版），2023，15（2）：71-78.

[35] 曾庆学.论刑事附带民事环境公益诉讼案中生态修复的执行方式：以四川涉藏地区法院的判决执行情况为例 [J].广西政法管理干部学院学报，2023，38（3）：74-82.

[36] 胡铭，陈高鸣.数字时代个人信息保护的困境与程序法回应：以刑事附带民事公益诉讼为切入点 [J].浙江大学学报（人文社会科学版），2023，53（6）：5-25.

[37] 胡雪琪.刑事附带民事公益诉讼的实践检视与进路规范：以 W 市检察院非法捕捞案件为样本 [J].安徽警官职业学院学报，2023，22（3）：57-63.

[38] 金晓伟，冷思伦.刑事附带民事公益诉讼中的惩罚性赔偿制度完善研究：从危害食品安全领域的 576 份裁判文书切入 [J].中国人民公安大学学报（社会科学版），2023，39（2）：47-60.

[39] 张莹，熊子慧.刑事附带民事公益诉讼检察一体化办案的困境与破局 [J].中国检察官，2023（7）：67-70.

[40] 周晓.侵犯公民个人信息犯罪刑事附带民事公益诉讼案件的审理困境和规范应对 [J].法律适用，2023（2）：165-176.

[41] 姜保忠，王依凡，来宇.我国刑事附带民事公益诉讼制度的现状检视及路径优化：基于 1000 份裁判文书的实证分析 [J].广西政法管理干部学院学报，2022，37（6）：83-93.

[42] 覃炜垸.论刑事附带民事公益诉讼中的民事裁判独立性：以个人信息侵权案件为视角 [J].镇江高专学报，2023，36（1）：49-52.

[43] 傅贤国.论个人信息保护民事公益诉讼之起诉主体：兼论《个人信息保护法》第 70 条之不足及完善 [J].河北法学，2023，41（2）：47-63.

[44] 赵迅，程青，陈书琴.检察机关刑事附带民事公益诉讼的实证分析 [J].

中国检察官，2022（23）：61-64.

[45] 杨雅妮.论刑事附带民事公益诉讼的起诉主体：基于"身份"与"范围"的分析 [J].求索，2022（6）：147-155.

[46] 王国龙,刘淑娟.黄河流域生态环境刑事附带民事公益诉讼实证分析 [J].渭南师范学院学报，2022，37（11）：77-86，93.

[47] 刘凤琪.食品安全刑事附带民事公益诉讼实践与思考 [J].中国检察官，2022（20）：51-54.

[48] 杨雅妮.刑事附带民事公益诉讼案件范围之界定 [J].北京社会科学，2022（9）：74-84.

[49] 刘慧磊.公益组织与检察机关并行提起公益行政诉讼的法律完善 [J].山西省政法管理干部学院学报，2018，31（3）：38-40.

[50] 汤维建.检察机关提起公益诉讼的制度优化 [J].人民检察，2018（11）：14-18.

[51] 王淑，吴会其，姚晓萍.检察机关提起行政公益诉讼的角色定位和制度完善研究：国土资源行政公益诉讼之困及破局 [J].法制博览，2019（3）：148-149.

[52] 原凯.检察机关提起行政公益诉讼的角色定位与制度构建 [J].湖北工业职业技术学院学报，2018，31（6）：39-45.

[53] 王甜.论检察机关提起环境行政公益诉讼制度的完善路径 [J].河北青年管理干部学院学报，2018，30（6）：81-83.

[54] 王春业.论检察机关提起"预防性"行政公益诉讼制度 [J].浙江社会科学，2018（11）：51-58，157.

[55] 林莉红.论检察机关提起民事公益诉讼的制度空间 [J].行政法学研究，2018（6）：55-66.

[56] 张祥伟，孙明.检察机关提起环境公益诉讼之制度定位：由诉前程序设置引发的思考 [J].鲁东大学学报（哲学社会科学版），2018，35（6）：60-69.

[57] 徐本鑫 . 检察机关提起环境公益诉讼的实践隐忧与制度完善 [J]. 创新，
2018，12（4）：58-67.

[58] 郭声龙 . 检察机关提起行政公益诉讼的角色定位和制度完善研究 [J]. 法
制博览，2018（31）：171.

[59] 徐英兰 . 完善环境行政公益诉讼制度之探究：以检察机关原告资格为
切入点 [J]. 行政与法，2018（10）：90-95.

[60] 曹奕阳 . 检察机关提起环境行政公益诉讼的实践反思与制度优化 [J]. 江
汉论坛，2018（10）：123-127.

[61] 尚毓嵩，侯佳儒 . 检察机关提起环境行政公益诉讼的机制完善 [J]. 团结，
2018（5）：42-44.

[62] 潘玲 . 检察机关提起民事公益诉讼的程序完善与路径设计 [J]. 山东行
政学院学报，2018（5）：53-59，103.

[63] 汤维建 . 检察机关提起公益诉讼进入制度塑造的"深水区" [J]. 人民
检察，2018（19）：49.

[64] 周鸣妙 . 检察机关提起行政公益诉讼制度探索 [J]. 法制博览，2018
（28）：167-168.

[65] 郑朋树 . 我国检察机关提起行政公益诉讼的试点分析与相关制度完善
[J]. 行政与法，2018（8）：109-115.

[66] 袁华莘 . 浅析检察机关提起反垄断公益诉讼制度 [J]. 法制与社会，2018
（20）：40-41.

[67] 王康辉 . 检察机关提起行政公益诉讼的主体探析与程序完善 [J]. 浙江
万里学院学报，2018，31（4）：45-49.

[68] 徐晓斐 . 个人信息保护刑事附带民事公益诉讼问题研究 [D]. 济南：山
东政法学院，2022.

[69] 王境暄 . 刑事附带环境民事公益诉讼诉前程序规范研究 [D]. 兰州：甘
肃政法大学，2022.

[70] 陈攀 . 刑事附带民事生态环境公益诉讼制度研究 [D]. 北京：中国政法

大学，2021.

[71] 任静 . 个人信息保护的刑事附带民事公益诉讼制度研究 [D]. 北京：中
国人民公安大学，2023.

[72] 李博阳 . 刑事附带民事公益诉讼惩罚性赔偿问题研究 [D]. 北京：中国
人民公安大学，2023.

[73] 青格乐 . 通辽市生态环境刑事附带民事公益诉讼研究 [D]. 通辽：内蒙
古民族大学，2023.

[74] 白金蓉 . 刑事附带民事公益诉讼问题研究 [D]. 太原：山西大学，2023.

[75] 马致远 . 环境刑事附带民事公益诉讼中生态环境修复责任适用实证研
究 [D]. 贵阳：贵州大学，2023.

[76] 王瑾浩 . 环境刑事附带民事公益诉讼典型问题研究 [D]. 长春：吉林大
学，2023.

[77] 曹倩倩 . 环境刑事附带民事公益诉讼研究 [D]. 黄石：湖北师范大学，
2023.

[78] 赵宝莉 . 食药安全领域的刑事附带民事公益诉讼制度研究 [D]. 广州：
广州大学，2023.

[79] 叶红 . 环境刑事附带民事公益诉讼程序问题研究 [D]. 太原：太原科技
大学，2023.

[80] 冯笛 . 我国刑事附带民事公益诉讼问题研究 [D]. 保定：河北大学，
2023.

[81] 吴韬 . 刑事附带民事公益诉讼问题研究 [D]. 沈阳：沈阳师范大学，
2023.

[82] 林晓狄 . 论环境犯罪刑事附带民事公益诉讼 [D]. 北京：中国人民公安
大学，2022.

[83] 米吉庆 . 检察机关提起环境刑事附带民事公益诉讼程序问题研究 [D].
济南：山东师范大学，2022.

[84] 宫雅柯 . 食品药品领域刑事附带民事公益诉讼制度研究 [D]. 贵阳：贵

州大学，2022.

[85] 程路芸.刑事附带民事公益诉讼研究 [D].上海：华东政法大学，2022.

[86] 缪林均.刑事附带民事公益诉讼司法实践研究 [D].石家庄：河北师范
    大学，2022.

[87] 陈佳娃.刑事附带民事公益诉讼若干争议问题研究 [D].长春：吉林大
    学，2022.